Fundamentos de los Préstamos Hipotecarios para Airbnb

Cómo Funcionan los Préstamos Hipotecarios para Alquileres a Corto Plazo y Cómo Calificar

Por Joseph G. Correa

Corredor Hipotecario Licenciado, Finibi Mortgage

Aviso de Derechos de Autor y Legal

Publicado por Live Stronger Faster

Primera edición, 2026

Tabla de Contenido

Prólogo

El mundo de la inversión inmobiliaria ha experimentado una transformación drástica en los últimos años, y en el centro de esa transformación se encuentra el auge de las plataformas de alquiler a corto plazo como Airbnb. Lo que antes se consideraba una estrategia de nicho reservada para propietarios de casas vacacionales y profesionales de la hospitalidad, ahora ha evolucionado hasta convertirse en una de las herramientas más poderosas para la creación de riqueza disponibles para los inversionistas modernos. Este cambio ha dado lugar a una categoría completamente nueva de financiamiento: los préstamos hipotecarios para Airbnb, diseñados específicamente para respaldar la adquisición, el refinanciamiento y la expansión de propiedades destinadas a alquileres a corto plazo. El Libro 1 de la serie The Airbnb Mortgage Loan Mastery Series es su base para comprender este nuevo panorama. Está diseñado para brindarle claridad, confianza y una ventaja estratégica en un mercado donde las reglas tradicionales ya no se aplican.

A diferencia del sector inmobiliario convencional, las propiedades de Airbnb y de alquiler a corto plazo operan bajo un modelo de ingresos dinámico. En lugar de generar una renta mensual fija, estas propiedades producen ingresos basados en tarifas por noche, demanda estacional, tendencias de ocupación y la experiencia del huésped. Esta variabilidad introduce tanto oportunidades como complejidades. Los prestamistas tradicionales, que dependen en gran medida de flujos de ingresos predecibles y verificación de empleo del prestatario, a menudo no están preparados para evaluar este tipo de inversiones. Como resultado, ha surgido una nueva clase de productos financieros diseñados específicamente para evaluar el potencial de ingresos de la propiedad en sí, en lugar de los ingresos personales del prestatario. Comprender cómo funcionan estos préstamos es el primer paso para desbloquear todo su potencial.

En esencia, un préstamo hipotecario para Airbnb no es solo un préstamo: es una estrategia. Representa un cambio de un modelo de calificación basado en el prestatario a uno basado en el activo. En lugar de preguntar "¿cuánto ganas en tu trabajo?", los prestamistas ahora preguntan "¿cuánto puede generar esta propiedad?". Este cambio fundamental abre la puerta a una amplia gama de inversionistas que quizás no calificarían bajo las normas tradicionales. Personas autónomas, emprendedores, nómadas digitales e incluso principiantes sin documentación extensa de ingresos ahora tienen acceso a opciones de financiamiento que se alinean con la forma en que realmente generan ingresos e invierten.

Una de las distinciones más importantes que aprenderá en este libro es la diferencia entre los préstamos hipotecarios tradicionales, los préstamos DSCR y los préstamos Non-QM (hipotecas no calificadas). Los préstamos tradicionales están diseñados para residencias principales y propiedades de alquiler a largo plazo. Requieren documentación completa, incluyendo declaraciones de impuestos, formularios W-2 y estrictas relaciones deuda-ingreso (DTI). Aunque estos préstamos suelen ofrecer tasas de interés más bajas, son limitados en flexibilidad y escalabilidad, especialmente para inversionistas que desean crecer rápidamente. En contraste, los préstamos DSCR (Debt Service Coverage Ratio) representan un enfoque revolucionario en el financiamiento de propiedades de inversión. Estos préstamos se enfocan en los ingresos generados por la propiedad misma. El índice DSCR mide si los ingresos por alquiler son suficientes para cubrir el pago de la hipoteca. En el caso de propiedades Airbnb, esto significa que los prestamistas pueden evaluar ingresos proyectados de alquiler a corto plazo utilizando fuentes de datos especializadas, en lugar de depender únicamente de comparaciones de alquiler a largo plazo. Esto abre una vía poderosa para que los inversionistas califiquen sin verificación tradicional de ingresos, permitiéndoles escalar más rápido y con menos barreras.

Los préstamos Non-QM amplían aún más las posibilidades. Estos préstamos están diseñados para prestatarios que quedan fuera de las pautas convencionales. Pueden incluir préstamos basados en estados de cuenta bancarios, préstamos basados en activos o programas híbridos que combinan múltiples formas de calificación. Para los inversionistas en Airbnb, el financiamiento Non-QM proporciona flexibilidad en la estructuración de operaciones, especialmente al tratar con perfiles de ingresos complejos o tipos de propiedades únicas. Comprender cómo navegar estas opciones —y cuándo utilizar cada una— es un componente clave para dominar el financiamiento de hipotecas para Airbnb.

Otro concepto crítico introducido en este libro es la base de la calificación de ingresos en alquileres a corto plazo. A diferencia de los alquileres a largo plazo, donde los ingresos son relativamente estables y predecibles, los ingresos de Airbnb requieren un análisis más detallado. Factores como la tarifa diaria promedio (ADR), la tasa de ocupación, la estacionalidad, la demanda local y la eficiencia en la gestión de la propiedad desempeñan un papel importante en la determinación del potencial de ingresos. Los prestamistas pueden utilizar herramientas como reportes de AirDNA, comparables de mercado y proyecciones respaldadas por tasadores para estimar estos ingresos. Como inversionista, aprender a interpretar y presentar estos datos puede mejorar significativamente su capacidad para calificar para financiamiento y obtener mejores condiciones.

Igualmente importante es entender quién califica para estos préstamos hipotecarios para Airbnb. Uno de los aspectos más atractivos de este modelo de financiamiento es su accesibilidad. No necesita ser un inversionista experimentado con un gran portafolio para comenzar. Los principiantes pueden ingresar al mercado con la estrategia adecuada, especialmente al aprovechar préstamos DSCR o programas de baja documentación. Las personas autónomas, que a menudo enfrentan dificultades con la suscripción tradicional debido a ingresos variables, pueden beneficiarse enormemente de enfoques basados en activos y en ingresos de la propiedad. Incluso los individuos con altos ingresos que prefieren no revelar documentación financiera extensa pueden encontrar en estos préstamos una opción más eficiente y estratégica.

Este libro está diseñado para cambiar su mentalidad de limitación a posibilidad. En lugar de preguntarse si califica bajo reglas obsoletas, aprenderá cómo estructurar su perfil y sus operaciones para alinearse con los estándares modernos de financiamiento. Comenzará a ver el financiamiento no como una barrera, sino como una herramienta: una que puede optimizarse, apalancarse y escalarse. Este cambio de perspectiva es lo que separa a los inversionistas casuales de aquellos que construyen portafolios sólidos y generadores de ingresos.

A medida que avance en esta serie, pasará de conocimientos fundamentales a estrategias avanzadas. Aprenderá cómo calcular el DSCR utilizando datos específicos de Airbnb, cómo adquirir su primera propiedad con mínima fricción, cómo escalar múltiples propiedades utilizando estrategias de portafolio y cómo refinanciar y extraer capital para impulsar un mayor crecimiento. También explorará oportunidades de nicho como propiedades Airbnb de lujo, casas vacacionales e inversiones multifamiliares. Al finalizar la serie, tendrá una comprensión integral de cómo estructurar prácticamente cualquier operación de Airbnb utilizando una combinación de herramientas de financiamiento.

Sin embargo, todo comienza aquí: con una comprensión profunda de los fundamentos. Este libro establece la base de todo lo que sigue. Le ayudará a comprender el lenguaje del financiamiento para Airbnb, la lógica detrás de las decisiones de suscripción y las decisiones estratégicas que determinan si una operación tiene éxito o fracasa. También lo preparará para comunicarse eficazmente con prestamistas, corredores y socios, posicionándolo como un inversionista informado y creíble.

La oportunidad en los alquileres a corto plazo no se trata solo de poseer propiedades; se trata de controlar flujos de ingresos, aprovechar los datos y utilizar el financiamiento estratégicamente para acelerar el crecimiento. Los inversionistas que tienen éxito en este espacio no son necesariamente los que tienen más dinero o experiencia, sino aquellos que entienden cómo alinear la oportunidad con la estructura de financiamiento adecuada. Eso es precisamente lo que esta serie está diseñada para enseñarle.

A medida que inicia este camino, recuerde que el objetivo no es solo aprender cómo funcionan los préstamos hipotecarios para Airbnb, sino dominarlos. Ver patrones donde otros ven confusión. Identificar oportunidades donde otros ven riesgo. Y construir un sistema que le permita financiar, escalar y obtener ganancias de propiedades de alquiler a corto plazo con claridad y confianza.

Bienvenido al Libro 1: Fundamentos de los Préstamos Hipotecarios para Airbnb. Aquí es donde se construye su base, comienza su estrategia y realmente inicia su camino hacia un negocio inmobiliario escalable y generador de ingresos.

Capítulo 1

Qué Hace Diferentes a los Préstamos Hipotecarios para Airbnb

La evolución de la inversión inmobiliaria siempre ha estado estrechamente ligada a la innovación, pero pocas innovaciones han transformado la industria de manera tan profunda como las plataformas de alquiler a corto plazo como Airbnb. Lo que antes requería la propiedad de hoteles, acuerdos de franquicia o experiencia en bienes raíces comerciales, ahora puede ser ejecutado por personas comunes con la propiedad adecuada, la estrategia correcta y—lo más importante—el financiamiento adecuado. Este capítulo está diseñado para desglosar qué es lo que realmente hace diferentes a los préstamos hipotecarios para Airbnb en comparación con los productos hipotecarios tradicionales, y por qué comprender estas diferencias es esencial si desea tener éxito en el mercado de alquileres a corto plazo.

En el nivel más básico, la diferencia comienza con la forma en que se generan los ingresos. La inversión inmobiliaria tradicional se basa en contratos de arrendamiento a largo plazo, generalmente de 6 a 12 meses o más. Esto crea flujos de ingresos predecibles y estables en los que los prestamistas han confiado históricamente para evaluar el riesgo. En contraste, las propiedades de Airbnb operan con ingresos por noche o a corto plazo. Los ingresos fluctúan en función de la ocupación, la estrategia de precios, la demanda del mercado, la estacionalidad y la calidad de la propiedad. Esto crea un perfil de ingresos mucho más dinámico—uno que a menudo puede superar a los alquileres tradicionales, pero que también es más complejo de analizar.

Debido a esta complejidad, las guías hipotecarias tradicionales nunca fueron diseñadas para evaluar adecuadamente los ingresos de Airbnb. Un prestamista que revisa una solicitud estándar generalmente busca ingresos W-2, declaraciones de impuestos, talones de pago y un historial laboral estable. Para propiedades de inversión, también puede considerar contratos de alquiler a largo plazo o rentas de mercado determinadas por tasación. Sin embargo, los ingresos de Airbnb no encajan fácilmente en estas categorías. Es posible que no aparezcan de manera consistente en las declaraciones de impuestos, especialmente si la propiedad es nueva. Pueden variar significativamente de un mes a otro. Y a menudo superan lo que un análisis de renta tradicional sugeriría.

Esta brecha entre la suscripción tradicional y las estrategias modernas de inversión llevó a la creación de productos de préstamo especializados, principalmente los préstamos DSCR y los préstamos Non-QM. Estos tipos de financiamiento están diseñados para evaluar el rendimiento del activo en lugar de los ingresos personales del prestatario. En otras palabras, la propiedad misma se convierte en la principal fuente de calificación. Este es un cambio fundamental que transforma completamente la forma en que se estructuran las operaciones.

Con los préstamos hipotecarios para Airbnb, los prestamistas se enfocan cada vez más en una pregunta clave: ¿puede la propiedad generar suficientes ingresos para cubrir la deuda? Aquí es donde el concepto de DSCR (Relación de Cobertura del Servicio de la Deuda) se vuelve crítico. En lugar de calcular la relación deuda-ingreso del prestatario basada en sus ingresos personales, el DSCR mide la relación entre los ingresos de la propiedad y sus gastos, incluyendo el pago hipotecario. Si la propiedad puede cubrir sus propios costos—y, idealmente, generar un excedente—el préstamo se considera menos riesgoso, independientemente de la situación laboral del prestatario.

Otra diferencia importante radica en cómo se estiman los ingresos. Para alquileres a largo plazo, los tasadores utilizan propiedades comparables en el área para determinar la renta de mercado. Para propiedades Airbnb, este enfoque suele ser insuficiente. En su lugar, los prestamistas pueden recurrir a fuentes de datos especializadas, como plataformas de análisis de alquileres a corto plazo, datos históricos de reservas o tasaciones que incluyen proyecciones específicas para Airbnb. Estas herramientas analizan factores como la tarifa diaria promedio, la tasa de ocupación y la demanda estacional para estimar el ingreso potencial. Esto significa que dos propiedades idénticas en el mismo vecindario pueden tener valores muy diferentes dependiendo de su desempeño como alquileres a corto plazo.

El proceso de suscripción también refleja estas diferencias. Los préstamos tradicionales están altamente orientados a la documentación. Los prestatarios deben proporcionar registros financieros extensos, y incluso pequeñas inconsistencias pueden retrasar o descarrilar la aprobación. Los préstamos hipotecarios para Airbnb, especialmente los DSCR y Non-QM, suelen ser más flexibles. Aunque todavía requieren documentación, el enfoque cambia hacia el rendimiento de la propiedad, el perfil crediticio y las reservas, en lugar de la verificación detallada de ingresos. Esto puede agilizar significativamente el proceso de aprobación, especialmente para inversionistas con fuentes de ingresos no tradicionales.

Otra distinción clave es la escalabilidad. El financiamiento tradicional puede convertirse en un cuello de botella para inversionistas que desean adquirir múltiples propiedades. La relación deuda-ingreso aumenta con cada nuevo préstamo, limitando eventualmente la capacidad de endeudamiento. Los préstamos para Airbnb, en cambio, permiten escalar con mayor eficiencia, ya que cada propiedad se evalúa de forma independiente. Mientras cada propiedad cumpla con el DSCR requerido, los inversionistas pueden seguir expandiendo su portafolio sin quedar limitados por sus ingresos personales.

La percepción del riesgo también es diferente entre el financiamiento tradicional y el de Airbnb. Desde la perspectiva del prestamista, los alquileres a corto plazo pueden parecer más riesgosos debido a la variabilidad de ingresos y la incertidumbre regulatoria. Como resultado, estos préstamos pueden tener tasas de interés ligeramente más altas, mayores requisitos de pago inicial o reservas más estrictas. Sin embargo, estos riesgos percibidos suelen compensarse con el mayor potencial de ingresos de los alquileres a corto plazo. Para inversionistas que saben optimizar precios, gestionar la ocupación y ofrecer experiencias excepcionales a los huéspedes, las recompensas pueden superar ampliamente los costos.

La ubicación juega un papel aún más crítico en el financiamiento de Airbnb que en el sector inmobiliario tradicional. Aunque la ubicación siempre ha sido importante, los alquileres a corto plazo son especialmente sensibles a la demanda turística, las regulaciones locales y las tendencias estacionales. Una propiedad en un mercado turístico de alta demanda puede generar significativamente más ingresos que una propiedad similar en una zona menos atractiva. Los prestamistas reconocen esto y pueden dar mayor peso a los datos del mercado al evaluar estos préstamos. Esto significa que los inversionistas no solo deben entender el financiamiento, sino también realizar un análisis de mercado detallado.

Otro factor que distingue a los préstamos para Airbnb es la importancia de la estrategia de gestión de la propiedad. A diferencia de los alquileres a largo plazo, que pueden ser relativamente pasivos, las propiedades Airbnb requieren una gestión activa. Esto incluye optimización del anuncio, ajustes de precios, comunicación con huéspedes, coordinación de limpieza y mantenimiento. Los prestamistas pueden considerar si la propiedad será administrada profesionalmente o de forma independiente, ya que esto impacta la estabilidad de los ingresos. Una propiedad bien gestionada tiene mayor probabilidad de cumplir o superar las proyecciones de ingresos, fortaleciendo el perfil del préstamo. Además, las regulaciones juegan un papel fundamental. Muchas ciudades tienen normas específicas para alquileres a corto plazo, incluyendo licencias, restricciones de zonificación y límites de ocupación. Estas reglas pueden afectar directamente la capacidad de generar ingresos. Los prestamistas son cada vez más conscientes de estos factores y pueden exigir confirmación de cumplimiento legal. Como inversionista, entender estas regulaciones es tan importante como asegurar el financiamiento.

En última instancia, lo que hace diferentes a los préstamos hipotecarios para Airbnb no es solo el producto financiero, sino todo el marco en el que operan. Representan un cambio hacia un modelo basado en el rendimiento, donde el éxito de la inversión está directamente ligado a la capacidad de la propiedad para generar ingresos. Esto crea un enfoque más empresarial en el sector inmobiliario, donde los inversionistas deben pensar estratégicamente en cada aspecto del negocio: adquisición, financiamiento, gestión y optimización.

A medida que avance en este libro y en la serie, comenzará a ver cómo estas diferencias pueden aprovecharse a su favor. Aprenderá a identificar propiedades que cumplan con los criterios de los prestamistas, a estructurar operaciones que maximicen las probabilidades de aprobación y a posicionarse como un prestatario de bajo riesgo y alta oportunidad. Este conocimiento le permitirá superar las limitaciones del financiamiento tradicional y acceder a un modelo más flexible, escalable y rentable.

La idea clave de este capítulo es que los préstamos hipotecarios para Airbnb no son simplemente una alternativa a los préstamos tradicionales—son una forma completamente diferente de pensar el financiamiento inmobiliario. Requieren una comprensión más profunda de la dinámica del mercado, el modelado de ingresos y la planificación estratégica. Pero para quienes están dispuestos a aprender y adaptarse, ofrecen un camino poderoso para construir riqueza a través de los alquileres a corto plazo.

Ahora que comprende qué hace diferentes a estos préstamos, el siguiente paso es aplicar este conocimiento en escenarios reales. En el siguiente ejemplo, verá cómo estos conceptos se integran en un caso práctico, ilustrando cómo una propiedad Airbnb puede analizarse, financiarse y evaluarse utilizando los principios presentados en este capítulo.

Análisis de una Propiedad Airbnb Utilizando DSCR y Datos de Alquiler a Corto Plazo

Imagine a un inversionista llamado Daniel que busca comprar su primera propiedad Airbnb en un mercado turístico popular. La propiedad está listada en $400,000 y se encuentra en un área con alta demanda, reservas constantes durante todo el año y regulaciones favorables para alquileres a corto plazo. Daniel desea utilizar un préstamo DSCR para calificar en función de los ingresos de la propiedad en lugar de sus ingresos personales, ya que es trabajador independiente y prefiere no depender de sus declaraciones de impuestos. Planea dar un 20% de inicial, equivalente a $80,000, dejando un monto de préstamo de $320,000. El prestamista le ofrece una tasa de interés del 7.5% a 30 años. Con estos términos, su pago mensual de capital e intereses es aproximadamente $2,237. Sumando impuestos, seguro y reservas de mantenimiento, su gasto mensual total es aproximadamente $2,800.

Luego, Daniel necesita determinar si la propiedad generará suficientes ingresos para cumplir con los requisitos del DSCR. El prestamista exige un mínimo de 1.20, lo que significa que la propiedad debe generar al menos un 20% más que sus gastos mensuales. Para estimar ingresos, Daniel utiliza datos de una plataforma especializada en análisis de Airbnb.

Los datos muestran una tarifa diaria promedio de $220 y una ocupación del 70%. Calculando ingresos: $220 por 30 días equivale a $6,600, ajustado al 70% resulta en $4,620 mensuales. Restando gastos operativos del 25% ($1,155), el ingreso neto es $3,465. Dividiendo esto entre $2,800, obtiene un DSCR de aproximadamente 1.24, superando el mínimo requerido.

Este ejemplo demuestra cómo los préstamos para Airbnb dependen del rendimiento de la propiedad. Incluso sin cumplir requisitos tradicionales, Daniel logra financiamiento gracias al ingreso proyectado. También muestra la importancia de optimizar ingresos y gastos.

Si Daniel mejora la propiedad elevando la tarifa a $240 y ocupación a 75%, su ingreso mensual sube a $5,400. Después de gastos, el ingreso neto es $4,050. Con los mismos gastos de $2,800, el DSCR sube a 1.45, fortaleciendo aún más la operación. Esto demuestra el poder de la gestión activa: a diferencia de los alquileres tradicionales, Airbnb permite aumentar ingresos estratégicamente.

A través de este ejemplo, puede ver cómo los conceptos de este capítulo—variabilidad de ingresos, DSCR, calificación basada en la propiedad y optimización—se aplican en la vida real. A medida que avance, aprenderá a identificar propiedades rentables, estructurar operaciones y escalar su portafolio utilizando estrategias avanzadas de financiamiento.

Capítulo 2

DSCR vs Préstamos Tradicionales vs Préstamos Non-QM para Propiedades Airbnb

Comprender las diferencias entre los préstamos DSCR, los préstamos hipotecarios tradicionales y los productos Non-QM es uno de los pasos más importantes para dominar el financiamiento de Airbnb. Estas tres categorías representan enfoques fundamentalmente distintos para evaluar el riesgo, calificar a los prestatarios y estructurar operaciones inmobiliarias. Para los inversionistas de alquileres a corto plazo, elegir el tipo de préstamo adecuado puede marcar la diferencia entre obtener aprobación o ser rechazado, escalar rápidamente o quedarse estancado, y maximizar las ganancias o dejar dinero sobre la mesa.

Los préstamos hipotecarios tradicionales son la forma de financiamiento más reconocida. Estos préstamos suelen estar respaldados por entidades como Fannie Mae y Freddie Mac y están diseñados principalmente para viviendas ocupadas por el propietario y propiedades de alquiler a largo plazo. El proceso de calificación se enfoca fuertemente en el perfil financiero personal del prestatario. Los prestamistas evalúan los ingresos mediante formularios W-2, declaraciones de impuestos y comprobantes de pago. Calculan la relación deuda-ingreso (DTI) para determinar si el prestatario puede afrontar los pagos de la hipoteca. El puntaje de crédito, la estabilidad laboral y las reservas financieras desempeñan un papel clave en la aprobación. Aunque estos préstamos ofrecen algunas de las tasas de interés más bajas del mercado, no siempre son adecuados para inversionistas de Airbnb. Una de las mayores limitaciones es cómo se tratan los ingresos. Para propiedades de inversión, los prestamistas suelen usar contratos de alquiler a largo plazo o rentas de mercado tasadas, lo que a menudo subestima las propiedades Airbnb, que pueden generar ingresos significativamente mayores mediante alquileres a corto plazo. Además, los préstamos tradicionales limitan el número de propiedades financiadas que un inversionista puede tener, dificultando escalar un portafolio más allá de cierto punto.

Otro desafío con los préstamos tradicionales es la documentación. Los prestatarios deben proporcionar registros financieros extensos, y cualquier inconsistencia puede retrasar o impedir la aprobación. Para trabajadores independientes, esto puede ser especialmente complicado, ya que el ingreso imponible suele reducirse mediante deducciones. Esto significa que, aunque un inversionista sea financieramente exitoso, puede no parecer calificado en papel. Para inversionistas de Airbnb que dependen de ingresos flexibles, esto representa una barrera significativa.

En contraste, los préstamos DSCR ofrecen un enfoque completamente diferente. En lugar de centrarse en los ingresos personales del prestatario, estos préstamos evalúan los ingresos generados por la propiedad. La métrica clave es la Relación de Cobertura del Servicio de la Deuda (DSCR), que mide si los ingresos de la propiedad son suficientes para cubrir sus gastos. Esto permite a los inversionistas calificar en función del rendimiento del activo en lugar de su empleo o declaraciones de impuestos.

Para propiedades Airbnb, esto cambia completamente el juego. Los prestamistas pueden utilizar datos de alquiler a corto plazo, incluyendo la tarifa diaria promedio, la tasa de ocupación y las tendencias estacionales, para estimar los ingresos. Esto proporciona una representación más precisa del potencial de ingresos de la propiedad. Siempre que los ingresos proyectados cumplan con el umbral DSCR requerido, el prestatario puede calificar incluso sin documentación tradicional de ingresos.

Los préstamos DSCR también ofrecen ventajas significativas en términos de escalabilidad. Dado que cada propiedad se evalúa de forma independiente, los inversionistas no están limitados por su relación deuda-ingreso personal. Esto permite adquirir múltiples propiedades en un período relativamente corto, siempre que cada operación cumpla con los criterios del prestamista. Para quienes buscan construir un portafolio de propiedades Airbnb, esta flexibilidad es esencial.

Sin embargo, los préstamos DSCR implican ciertos compromisos. Las tasas de interés suelen ser más altas que las de los préstamos tradicionales, y los requisitos de pago inicial pueden ser mayores, generalmente entre el 20% y el 25%. Los prestamistas también pueden exigir puntajes de crédito más altos y mayores reservas de efectivo. A pesar de esto, muchos inversionistas consideran que la flexibilidad y la capacidad de escalar compensan estos costos adicionales.

Los préstamos Non-QM representan una categoría más amplia de opciones de financiamiento diseñadas para prestatarios que no encajan en las pautas tradicionales. Incluyen préstamos basados en estados de cuenta bancarios, préstamos basados en activos y programas híbridos. Para inversionistas de Airbnb, los préstamos Non-QM proporcionan una capa adicional de flexibilidad, especialmente en situaciones complejas.

Por ejemplo, los préstamos basados en estados de cuenta permiten calificar según los depósitos bancarios en lugar de las declaraciones de impuestos, lo cual es ideal para trabajadores independientes con buen flujo de efectivo pero bajo ingreso imponible. Los préstamos basados en activos utilizan cuentas de inversión o fondos de jubilación para demostrar la capacidad de pago. Estas opciones pueden combinarse con proyecciones de ingresos de Airbnb para crear una estrategia de calificación integral.

Una de las principales ventajas de los préstamos Non-QM es su adaptabilidad. Los prestamistas en este segmento suelen tener mayor flexibilidad para estructurar operaciones según las características únicas del prestatario y la propiedad. Esto puede incluir opciones de solo intereses, requisitos de documentación flexibles y criterios personalizados de suscripción. Para inversionistas que trabajan con propiedades únicas o ingresos no convencionales, estos préstamos pueden ofrecer soluciones que los préstamos tradicionales y DSCR no pueden.

Al comparar estos tres tipos de financiamiento, es importante considerar los objetivos de inversión. Si se adquiere una residencia principal o una propiedad de alquiler a largo plazo con ingresos estables, un préstamo tradicional puede ofrecer las mejores condiciones. Sin embargo, si el objetivo es invertir en Airbnb y escalar un portafolio, los préstamos DSCR suelen ser la opción más efectiva. Para situaciones más complejas, los préstamos Non-QM ofrecen la flexibilidad necesaria para cerrar operaciones difíciles.

También es importante considerar cómo cada tipo de préstamo afecta la estrategia a largo plazo. Los préstamos tradicionales ofrecen tasas más bajas, pero limitan la capacidad de adquirir más propiedades. Los DSCR permiten escalar más rápido, aunque con tasas más altas. Los Non-QM pueden tener términos únicos, pero abren oportunidades alineadas con perfiles financieros específicos.

Estos tipos de financiamiento no son excluyentes. Muchos inversionistas exitosos utilizan una combinación de ellos. Por ejemplo, pueden usar un préstamo tradicional para su vivienda principal, préstamos DSCR para propiedades Airbnb y préstamos Non-QM para refinanciar o acceder a capital. Al comprender cómo funciona cada uno, es posible crear una estrategia de financiamiento adaptable.

A medida que el mercado de Airbnb continúa creciendo, los prestamistas están evolucionando en la forma en que evalúan estas propiedades. Aunque la brecha entre la suscripción tradicional y las estrategias modernas se está reduciendo, las diferencias entre estos préstamos siguen siendo fundamentales. Estas diferencias influyen en cómo se estructuran las operaciones, cómo se evalúan las propiedades y cómo los inversionistas hacen crecer sus negocios.

La conclusión clave es que no existe una única estrategia de financiamiento para Airbnb. Cada tipo de préstamo tiene sus ventajas y limitaciones, y la mejor opción depende de la situación individual. Al comprender estas alternativas, los inversionistas pueden aprovechar las oportunidades del mercado minimizando riesgos y maximizando flexibilidad.

Considere a una inversionista llamada María que evalúa la compra de una propiedad Airbnb valorada en $500,000. Está analizando tres opciones: un préstamo tradicional, un préstamo DSCR y un préstamo Non-QM basado en estados de cuenta. Planea dar un 20% de inicial ($100,000), con un préstamo de $400,000. Con un préstamo tradicional, obtiene una tasa del 6.5% a 30 años, con un pago mensual de aproximadamente $2,528. Sumando gastos, el costo mensual total es de $3,200.

El prestamista evalúa su ingreso personal de $8,000 mensuales y deudas de $2,000. Con la nueva hipoteca, sus obligaciones suben a $5,200, resultando en un DTI de 65%, superior al límite permitido, por lo que no califica.

Luego evalúa un préstamo DSCR con tasa del 7.75% y pago mensual total de $3,500. Usando datos de Airbnb, estima ingresos mensuales de $5,250. Después de gastos, el ingreso neto es $3,937, resultando en un DSCR de 1.12, por debajo del mínimo requerido.

Optimiza la propiedad aumentando la tarifa y ocupación, logrando ingresos de $6,187 y un ingreso neto de $4,640. Esto produce un DSCR de 1.33, permitiéndole calificar.

Finalmente, evalúa un préstamo Non-QM con tasa del 8.25% y pago mensual de $3,700. El prestamista usa depósitos bancarios de $10,000 mensuales, aplicando un factor del 50%, resultando en ingreso calificado de $5,000. Aunque su DTI sería alto, el prestamista aprueba basado en reservas, crédito y potencial de ingresos.

Este ejemplo muestra la flexibilidad y los compromisos de cada tipo de préstamo. El tradicional falla por el DTI, el DSCR depende del rendimiento de la propiedad y el Non-QM ofrece flexibilidad con mayores costos. Comprender estas diferencias permite elegir la mejor estrategia y maximizar la aprobación y rentabilidad.

Capítulo 3

Fundamentos de la Calificación de Ingresos en Alquileres a Corto Plazo

Uno de los cambios más importantes en el financiamiento inmobiliario moderno es la transición de una calificación basada en el prestatario a una calificación basada en la propiedad, especialmente en el mundo de Airbnb y las inversiones en alquileres a corto plazo. En este capítulo, aprenderá cómo los prestamistas evalúan los ingresos de alquileres a corto plazo, cómo se calculan, qué fuentes de datos se utilizan y cómo posicionar su operación para cumplir con los estándares de suscripción. Dominar este proceso es esencial, ya que su capacidad para calificar—y escalar—depende en gran medida de qué tan bien comprenda y presente los ingresos.

A diferencia de las propiedades de alquiler tradicionales, donde los ingresos se basan en contratos de arrendamiento fijos, los alquileres a corto plazo operan bajo un modelo de ingresos variable. Esto significa que los ingresos no están garantizados mes a mes y pueden fluctuar según la demanda, la estacionalidad, la estrategia de precios, la competencia y la calidad de la gestión. Debido a esta variabilidad, los prestamistas no pueden basarse únicamente en esquemas de renta estándar. En su lugar, utilizan una combinación de proyecciones, datos históricos y análisis de terceros para estimar el potencial de ingresos. El primer concepto clave en la calificación de ingresos es el ingreso bruto. Este es el ingreso total generado por la propiedad antes de los gastos. Para propiedades Airbnb, generalmente se calcula utilizando la tarifa diaria promedio multiplicada por el número de noches reservadas. Para estimarlo, se analizan las tasas de ocupación, que representan el porcentaje de días en que la propiedad está reservada. Estas dos variables—tarifa diaria promedio y ocupación—son la base de las proyecciones de ingresos.

Sin embargo, el ingreso bruto por sí solo no es suficiente para la suscripción. Los prestamistas se enfocan principalmente en el ingreso operativo neto, que tiene en cuenta los gastos asociados con la operación de la propiedad. Estos gastos pueden incluir limpieza, administración, servicios públicos, mantenimiento, tarifas de plataformas, seguros y suministros. En muchos casos, los prestamistas aplican un porcentaje estándar de gastos, generalmente entre el 20% y el 30% del ingreso bruto, para estimar el ingreso neto. Este enfoque conservador ayuda a manejar la variabilidad y asegura que la propiedad pueda cubrir sus costos a lo largo del tiempo.

Otro componente importante es la fuente de datos utilizada para respaldar las proyecciones. Los prestamistas suelen recurrir a plataformas especializadas en análisis de alquileres a corto plazo. Estas plataformas recopilan datos de propiedades similares en el área y proporcionan estimaciones de tarifa diaria promedio, ocupación e ingresos. Algunos prestamistas también aceptan tasaciones que incluyen proyecciones de ingresos de alquiler a corto plazo. En ciertos casos, si la propiedad ya tiene historial de alquiler, pueden utilizar datos reales de plataformas como Airbnb o VRBO.

La credibilidad de sus datos juega un papel fundamental en la aprobación. Si las proyecciones son poco realistas o no están respaldadas, los prestamistas pueden ajustarlas a la baja o rechazarlas. Por eso es esencial utilizar fuentes confiables y presentar estimaciones conservadoras y bien documentadas. Una presentación sólida de ingresos no solo mejora las probabilidades de aprobación, sino que también puede generar mejores condiciones de préstamo.

La estacionalidad es otro factor clave. Muchos mercados de Airbnb experimentan variaciones a lo largo del año, con temporadas altas que generan ingresos significativamente mayores que las temporadas bajas. Los prestamistas suelen promediar los ingresos en un período de 12 meses para equilibrar estas variaciones. Como inversionista, comprender estas tendencias le permite crear proyecciones más precisas y evitar sobreestimar ingresos.

La tasa de ocupación es una de las variables más analizadas. Aunque puede ser tentador asumir ocupaciones altas, los prestamistas prefieren estimaciones conservadoras que reflejen condiciones reales del mercado. Por ejemplo, una ocupación del 65% al 75% suele considerarse razonable en muchos mercados, dependiendo de la ubicación y el tipo de propiedad. Sobreestimar la ocupación puede inflar las proyecciones y afectar negativamente la aprobación.

La tarifa diaria promedio también es clave. Representa el precio promedio por noche que la propiedad puede generar. Está influenciada por factores como ubicación, tamaño, amenidades, diseño y competencia. Propiedades con características únicas pueden lograr tarifas más altas, mientras que otras deben competir en precio. Saber posicionar la propiedad en el mercado impacta directamente el potencial de ingresos.

Otro elemento importante es la gestión de gastos. Aunque los prestamistas utilizan porcentajes estándar, los gastos reales pueden variar según la estrategia de gestión. Las propiedades autogestionadas pueden tener costos más bajos, pero requieren más tiempo. Las propiedades administradas profesionalmente pueden tener mayores costos, pero ofrecen mayor consistencia. En cualquier caso, controlar los gastos es clave para maximizar el ingreso neto y mejorar el DSCR.

Los prestamistas también consideran las reservas. Debido a la variabilidad de ingresos, suelen requerir varios meses de pagos hipotecarios disponibles como respaldo. Esto proporciona seguridad en caso de ingresos menores a lo esperado o gastos imprevistos. Tener reservas sólidas también fortalece el perfil del préstamo.

Otro concepto importante es la diferencia entre ingresos proyectados e ingresos estabilizados. Los ingresos proyectados se basan en datos del mercado, mientras que los estabilizados reflejan el desempeño real de la propiedad con el tiempo. Los inversionistas nuevos suelen depender de proyecciones, mientras que los experimentados pueden usar datos históricos. A medida que construya su portafolio, tener un historial sólido mejorará su credibilidad ante los prestamistas.

También es importante entender cómo los prestamistas perciben el riesgo. Aunque las propiedades Airbnb pueden generar mayores ingresos, también se consideran más volátiles. Por eso, los prestamistas aplican supuestos conservadores y exigen DSCR más altos. Al presentar datos sólidos, mantener reservas y demostrar una estrategia clara de gestión, puede reducir ese riesgo percibido.

En última instancia, la calificación de ingresos en alquileres a corto plazo es tanto una ciencia como un arte. Requiere análisis de datos, comprensión del mercado y presentación estratégica. Cuanto mejor entienda este proceso, mejor podrá estructurar sus operaciones. Este conocimiento no solo mejora sus probabilidades de aprobación, sino que también le ayuda a identificar propiedades realmente rentables.

A medida que continúe en esta serie, aprenderá a optimizar ingresos, reducir gastos y escalar su portafolio. Pero todo comienza con comprender cómo se calculan y evalúan los ingresos. Esta es la base del financiamiento de Airbnb, y dominarla le dará una ventaja significativa.

Considere a un inversionista llamado Alex que analiza una propiedad Airbnb de $450,000 en una zona turística de alta demanda. Planea dar un 25% de inicial ($112,500), con un préstamo de $337,500. El prestamista ofrece una tasa del 7.75% a 30 años, con un pago mensual de aproximadamente $2,418. Sumando impuestos, seguro y otros costos, el gasto total es de $3,000 mensuales.

Para estimar ingresos, Alex analiza propiedades comparables.

Encuentra una tarifa diaria promedio de $230 y una ocupación del 68%. Esto genera un ingreso bruto mensual de $4,692. Estima gastos del 25% ($1,173), dejando un ingreso neto de $3,519.

Al dividir $3,519 entre $3,000, obtiene un DSCR de 1.17, por debajo del mínimo requerido de 1.20, por lo que inicialmente no califica.

En lugar de abandonar la operación, Alex mejora la propiedad aumentando la tarifa a $250 y la ocupación al 72%. Esto eleva el ingreso bruto a $5,400 y el ingreso neto a $4,050. Con los mismos gastos, el DSCR sube a 1.35, superando el requisito del prestamista.

También reduce gastos al 22% mediante autogestión, aumentando aún más el ingreso neto y mejorando el DSCR.

Este ejemplo demuestra la importancia de proyecciones precisas, control de gastos y optimización estratégica. Muestra cómo los inversionistas pueden influir activamente en su calificación mejorando el desempeño de la propiedad y cómo múltiples variables determinan la rentabilidad.

Al aplicar estos conceptos, verá cómo los datos, la estrategia y la ejecución se combinan para crear inversiones exitosas. Dominar la calificación de ingresos no solo se trata de obtener aprobación, sino de construir un negocio sostenible y escalable.

Capítulo 4

Quién Califica para los Préstamos Hipotecarios para Airbnb (Inversionistas, Principiantes y Prestatarios Autónomos)

Uno de los aspectos más poderosos del financiamiento hipotecario para Airbnb es su accesibilidad. A diferencia de los modelos tradicionales de préstamo que suelen favorecer a empleados con salario fijo, ingresos predecibles y largos historiales laborales, los préstamos para Airbnb abren la puerta a una gama mucho más amplia de prestatarios. Esto incluye inversionistas inmobiliarios, compradores por primera vez, emprendedores y trabajadores autónomos. En este capítulo, aprenderá quién califica para estos préstamos, cómo los prestamistas evalúan distintos perfiles y cómo posicionarse—sin importar su experiencia—para obtener financiamiento.

El sistema hipotecario tradicional fue diseñado en torno a la estabilidad. Históricamente, los prestamistas priorizan ingresos W-2, pagos constantes y relaciones deuda-ingreso bajas. Aunque este modelo funciona para compradores convencionales, excluye a una gran parte de inversionistas modernos que generan ingresos de forma no tradicional. Emprendedores, freelancers, dueños de negocios y creadores digitales pueden tener un flujo de efectivo sólido, pero ingresos imponibles bajos debido a deducciones. Como resultado, pueden no calificar bajo normas tradicionales, incluso siendo financieramente fuertes.

Los préstamos para Airbnb, especialmente los DSCR y Non-QM, solucionan este problema al enfocarse en el rendimiento de la propiedad en lugar del ingreso personal. Esto permite que una amplia variedad de personas califique, incluso aquellas que normalmente serían excluidas. La clave es entender cómo los prestamistas evalúan cada perfil y qué requisitos deben cumplirse.

Comencemos con los inversionistas inmobiliarios. Son el público principal de estos préstamos. Su objetivo es adquirir propiedades que generen ingresos y construir un portafolio. Los prestamistas los evalúan de forma distinta a compradores de vivienda principal. En lugar de enfocarse solo en ingresos personales, consideran la experiencia, el crédito y la capacidad de gestionar propiedades. Para inversionistas con historial comprobado, esto puede traducirse en mejores condiciones y mayor flexibilidad.

Sin embargo, la experiencia no siempre es necesaria. Los principiantes también pueden calificar, especialmente con programas DSCR. Esta es una de las mayores ventajas del modelo. Un inversionista nuevo no necesita años de experiencia ni múltiples propiedades. Mientras la propiedad cumpla con los requisitos de ingresos, el prestatario tenga buen crédito y suficiente inicial, la aprobación es posible. Esto ha permitido que muchas personas entren al mercado y construyan riqueza.

Para principiantes, el reto principal es demostrar que la propiedad es una buena inversión. Sin historial, los prestamistas dependen de proyecciones y datos de mercado. Por eso, es fundamental elegir bien la propiedad, analizar datos y presentar una estrategia clara. Una operación bien estructurada puede compensar la falta de experiencia.

Los trabajadores autónomos representan otro grupo clave. La suscripción tradicional suele penalizarlos porque sus ingresos imponibles son reducidos por deducciones. Aunque generen buenos ingresos reales, pueden parecer no calificados en papel. Esto crea una desconexión entre su capacidad financiera y su elegibilidad.

Los préstamos DSCR y Non-QM ofrecen soluciones. Al enfocarse en ingresos de la propiedad o usar documentación alternativa como estados de cuenta, los prestamistas pueden evaluar la verdadera capacidad financiera. Esto permite a los emprendedores invertir sin depender de requisitos tradicionales.

El puntaje de crédito sigue siendo importante. Aunque estos préstamos son más flexibles, los prestamistas utilizan el crédito para evaluar riesgo. Un puntaje alto puede traducirse en mejores tasas, menor inicial y mejores términos. La mayoría de prestamistas DSCR requieren entre 620 y 680 como mínimo.

El pago inicial y las reservas también son fundamentales. Las propiedades Airbnb suelen requerir entre 20% y 25% de inicial. Además, los prestatarios deben demostrar reservas equivalentes a varios meses de pagos. Esto protege contra fluctuaciones de ingresos. Para principiantes, reservas fuertes pueden compensar la falta de experiencia.

Otro factor importante es la estrategia del prestatario. Los prestamistas quieren ver un plan claro para gestionar la propiedad: si será autogestionada o profesional, estrategia de precios y optimización de ocupación. Un plan sólido mejora la aprobación y el éxito a largo plazo.

También es importante cómo los prestamistas perciben el riesgo. Inversionistas con experiencia, buen crédito y reservas son considerados de menor riesgo. Principiantes pueden ser considerados más riesgosos, pero esto se compensa con buen desempeño de la propiedad. Trabajadores autónomos pueden enfrentar más análisis, pero la documentación alternativa ayuda.

Una de las mayores ventajas de estos préstamos es la escalabilidad. En financiamiento tradicional, el crecimiento se limita por el DTI. Cada préstamo reduce la capacidad futura. Con DSCR, cada propiedad se evalúa por separado, permitiendo seguir comprando mientras cada operación cumpla los requisitos.

Otro aspecto es la entidad de compra. Muchos inversionistas usan LLC u otras estructuras. Esto puede ofrecer protección legal y beneficios fiscales. Algunos prestamistas permiten préstamos DSCR a entidades, otros requieren calificación personal. Entender esto ayuda a estructurar mejor las inversiones.

La ubicación y el tipo de propiedad también influyen. Algunos mercados tienen regulaciones estrictas. Propiedades únicas como casas frente al mar o de lujo pueden requerir análisis especial. Elegir propiedades alineadas con los criterios del prestamista facilita la aprobación.

En última instancia, calificar no depende de un perfil específico, sino de la alineación entre el prestatario, la propiedad y los requisitos del prestamista. Ya sea inversionista, principiante o emprendedor, lo importante es entender cómo encaja su perfil y cómo posicionarse.

La conclusión es que el financiamiento Airbnb es más inclusivo, pero requiere preparación. Entender los requisitos, fortalecer el perfil y elegir bien las propiedades permite calificar y tener éxito.

Considere tres prestatarios: un inversionista experimentado, un principiante y un trabajador autónomo, todos buscando comprar una propiedad de $480,000. Cada uno da 25% de inicial ($120,000), con un préstamo de $360,000. El pago mensual total es de $3,200.

La propiedad genera ingresos brutos de $5,040 con un ingreso neto de $3,780, resultando en un DSCR de 1.18, ligeramente por debajo del mínimo de 1.20.

El inversionista experimentado tiene crédito de 740, reservas fuertes y experiencia. El prestamista ajusta ligeramente la ocupación a 72%, aumentando el ingreso neto a $3,888 y el DSCR a 1.21, permitiendo aprobación.

El principiante tiene crédito de 700, pocas reservas y sin experiencia. No califica inicialmente. Sin embargo, aumenta el pago inicial al 30%, reduciendo el préstamo y el pago mensual a $3,000. Con el mismo ingreso neto, el DSCR sube a 1.26, logrando aprobación.

El trabajador autónomo tiene crédito de 720 y buen flujo de efectivo. Usa un préstamo DSCR con estados de cuenta. El prestamista revisa depósitos consistentes y, combinado con el ingreso de la propiedad, aprueba el préstamo.

Este ejemplo demuestra cómo distintos perfiles pueden calificar mediante ajustes estratégicos. El inversionista usa experiencia, el principiante aumenta el inicial y el autónomo usa documentación alternativa. En todos los casos, entender los requisitos y adaptar la estrategia permite el éxito.

A medida que avance, evalúe su propio perfil y cómo se alinea con estos escenarios. Identificar fortalezas y corregir debilidades le permitirá calificar y construir su portafolio con confianza.

Capítulo 5

Cómo Estructurar tu Primera Operación de Airbnb para Obtener Aprobación y Generar Ganancias

Obtener un préstamo hipotecario para Airbnb no se trata solo de encontrar un prestamista, sino de estructurar una operación que se alinee perfectamente con los criterios de suscripción mientras maximiza la rentabilidad. Muchos inversionistas se enfocan en encontrar la "propiedad perfecta", pero pasan por alto la importancia de la estructura de la operación. En realidad, la forma en que estructure su operación—precio de compra, pago inicial, tipo de préstamo, proyecciones de ingresos y manejo de gastos—determina si obtiene la aprobación y si la inversión funcionará como se espera. Este capítulo está diseñado para ayudarle a pensar tanto como inversionista como suscriptor, para que pueda crear operaciones que funcionen tanto en papel como en la vida real.

El primer paso para estructurar su operación Airbnb es entender que prestamistas e inversionistas analizan los mismos números de manera diferente. Como inversionista, su objetivo principal es maximizar el flujo de efectivo y la apreciación a largo plazo. Como prestamista, el objetivo es minimizar el riesgo y asegurar que la propiedad pueda sostener la deuda. La clave del éxito es alinear estas dos perspectivas. Cuando una operación está bien estructurada, no solo genera buenos rendimientos, sino que también cumple o supera los requisitos del prestamista, facilitando la aprobación. Todo comienza con el precio de compra. El precio impacta directamente el monto del préstamo, el pago mensual y la rentabilidad. Pagar de más—aunque sea ligeramente—puede reducir su DSCR y dificultar la calificación. Por otro lado, negociar un mejor precio o encontrar propiedades infravaloradas puede mejorar significativamente los números. Los inversionistas exitosos entienden que la ganancia se crea al momento de comprar.

El siguiente componente clave es el pago inicial. La mayoría de los préstamos para Airbnb requieren entre 20% y 25%, pero aumentarlo puede mejorar considerablemente la estructura. Un pago inicial mayor reduce el monto del préstamo, baja el pago mensual y mejora el DSCR. Aunque requiere más capital, puede ser la diferencia entre calificar o no. También reduce el riesgo y mejora la estabilidad a largo plazo.

La selección del préstamo es otro factor crítico. Elegir entre DSCR, Non-QM o una estructura híbrida depende de su perfil y objetivos. Para la mayoría, los préstamos DSCR ofrecen el mejor equilibrio entre flexibilidad y escalabilidad. Sin embargo, es esencial entender los términos: tasa, amortización, penalidades por pago anticipado y reservas. Una tasa ligeramente más alta puede ser aceptable si permite escalar más rápido o facilitar la aprobación.

Las proyecciones de ingresos son donde muchas operaciones fallan o tienen éxito. Los prestamistas utilizan ingresos proyectados basados en tarifa diaria y ocupación. Sin embargo, no todas las proyecciones son iguales. Proyecciones conservadoras y bien respaldadas tienen más probabilidad de ser aceptadas. Usar datos confiables y alinearlos con el mercado fortalece la solicitud y mejora la credibilidad.

Al mismo tiempo, debe pensar en optimización. ¿Cómo aumentar la tarifa diaria? ¿Cómo mejorar la ocupación? ¿Qué amenidades diferencian su propiedad? Estas no son solo preguntas operativas, sino financieras. Pequeñas mejoras pueden aumentar significativamente el ingreso neto y el retorno.

El manejo de gastos es igual de importante. Muchos principiantes subestiman costos como limpieza, servicios, mantenimiento, tarifas de plataformas y suministros. Aunque los prestamistas usan estimaciones estándar, sus gastos reales pueden variar. Controlarlos mejora el ingreso neto y el DSCR, ayudando tanto en aprobación como en rentabilidad.

Otro aspecto clave son las reservas. Los prestamistas suelen requerir varios meses de pagos, pero tener más reservas ofrece ventaja estratégica. Permite manejar baja ocupación, invertir en mejoras y aprovechar oportunidades. También demuestra solidez financiera ante el prestamista.

Un elemento frecuentemente ignorado es la estrategia de salida. No solo debe pensar en comprar y operar, sino en refinanciar, vender o aprovechar la propiedad en el futuro. Una buena estructura inicial permite flexibilidad ante cambios del mercado.

La selección del mercado también es fundamental. No todos los mercados son ideales para Airbnb. Factores como turismo, regulaciones, competencia y estacionalidad afectan el ingreso. Elegir bien el mercado mejora las proyecciones, el DSCR y las probabilidades de aprobación.

El tipo de propiedad también influye. Casas, condominios, multifamiliares o propiedades únicas tienen distintos perfiles de ingreso y riesgo. Los prestamistas pueden tener reglas específicas, por lo que elegir propiedades alineadas facilita el proceso.

Estructurar su primera operación requiere un cambio de mentalidad. En lugar de preguntar "¿puedo pagar esta propiedad?", debe preguntarse "¿esta propiedad califica y funciona?". Esto cambia el enfoque hacia el rendimiento de la inversión.

Otra estrategia importante es combinar fortalezas. Si tiene poca experiencia, puede compensarlo con mayor inicial, más reservas o una mejor propiedad. Este enfoque integral ayuda a superar obstáculos.

También es importante construir relaciones con prestamistas y corredores especializados en Airbnb. Ellos entienden el proceso y pueden ayudarle a estructurar operaciones, identificar oportunidades y evitar errores.

En última instancia, estructurar una operación Airbnb se trata de crear alineación: entre la propiedad y el mercado, entre ingresos y gastos, y entre sus objetivos y los requisitos del prestamista. Cuando estos elementos se alinean, la operación no solo se aprueba, sino que genera buenos rendimientos.

El objetivo no es cerrar una sola operación, sino crear un sistema repetible. Al dominar la estructura, puede replicar el éxito y construir un portafolio escalable.

Considere un inversionista llamado Jason que analiza una propiedad de $420,000. Planea dar 20% de inicial ($84,000), con un préstamo de $336,000. El pago mensual total es de $3,000. Con datos de mercado, estima ingresos brutos de $4,692 y un ingreso neto de $3,519, resultando en un DSCR de 1.17, por debajo del mínimo.

En lugar de abandonar la operación, Jason la reestructura.

Primero, negocia el precio a $400,000, reduciendo el pago mensual a $2,850. Luego aumenta el inicial al 25% ($100,000), bajando el pago a $2,650.

Después optimiza ingresos: mejora la propiedad, agrega amenidades y mejora el listado. Aumenta la tarifa a $250 y la ocupación a 72%, generando ingresos de $5,400 y un ingreso neto de $4,050.

Con un gasto de $2,650, el DSCR sube a 1.53, superando ampliamente el requisito.

El flujo de efectivo mensual es de $1,400, equivalente a $16,800 anuales.

Con una inversión total de $120,000, su retorno es del 14%.

Este ejemplo muestra cómo la estructura puede transformar una operación promedio en una altamente rentable. Ajustando precio, inicial e ingresos, Jason mejora tanto la aprobación como el rendimiento.

También demuestra la importancia de ser proactivo. En lugar de aceptar los números iniciales, los inversionistas exitosos optimizan cada aspecto.

A medida que estructure sus operaciones, recuerde que cada variable importa. Pequeños cambios pueden tener un gran impacto. Dominar este proceso le permitirá tener éxito a largo plazo en el mundo de Airbnb.

Capítulo 6

Riesgo, Regulaciones y Sostenibilidad a Largo Plazo en el Financiamiento de Airbnb

A medida que avanza en la inversión y el financiamiento de Airbnb, se vuelve cada vez más importante no solo entender cómo obtener la aprobación de un préstamo, sino también cómo mantener y proteger su inversión a lo largo del tiempo. Muchos inversionistas nuevos se enfocan en el potencial de ingresos y la aprobación del préstamo, pero pasan por alto los riesgos que pueden afectar el éxito a largo plazo. En este capítulo, aprenderá cómo los prestamistas e inversionistas evalúan el riesgo, cómo las regulaciones afectan su capacidad de operar y cómo construir un negocio Airbnb sostenible que pueda resistir cambios en el mercado.

El riesgo en la inversión en Airbnb es fundamentalmente diferente al del sector inmobiliario tradicional. En los alquileres a largo plazo, el riesgo suele estar relacionado con la estabilidad del inquilino y los contratos de arrendamiento. Una vez que el inquilino está establecido, los ingresos son relativamente predecibles. En contraste, las propiedades

Airbnb operan en un entorno dinámico donde los ingresos están influenciados por múltiples variables, incluyendo fluctuaciones de ocupación, demanda estacional, competencia, estrategia de precios y experiencia del huésped. Esta variabilidad introduce tanto oportunidades como incertidumbre. Desde la perspectiva del prestamista, la principal preocupación es si la propiedad puede generar ingresos suficientes de manera constante para cubrir sus obligaciones de deuda. Por eso, los requisitos de DSCR suelen estar por encima de 1.0, generalmente alrededor de 1.20 o más. Este margen está diseñado para absorber fluctuaciones de ingresos. Como inversionista, su objetivo debe ser superar este mínimo con un margen cómodo.

Uno de los riesgos más importantes es la volatilidad de ingresos. Incluso en mercados sólidos, la ocupación y los precios pueden variar durante el año. Las temporadas altas pueden generar ingresos significativos, mientras que las temporadas bajas pueden reducir las reservas. Comprender estos patrones es clave para proyecciones precisas y planificación financiera. Los inversionistas que dependen únicamente de ingresos de temporada alta pueden enfrentar dificultades en meses más lentos.

Otro factor de riesgo es la competencia. A medida que más inversionistas ingresan al mercado, aumenta la competencia, lo que puede presionar los precios y la ocupación. Las propiedades que destacan por su diseño, amenidades y experiencia del huésped tienen mayor probabilidad de mantener un buen rendimiento. La mejora continua y el análisis del mercado son esenciales.

El riesgo operativo también es relevante. Administrar una propiedad Airbnb requiere atención constante, rapidez de respuesta y consistencia. Una mala gestión puede generar malas reseñas, menos reservas y menor ingreso. Ya sea autogestionada o administrada profesionalmente, es fundamental contar con un sistema eficiente. Los prestamistas también consideran esto, ya que las propiedades bien gestionadas suelen ser más estables.

Las regulaciones son uno de los factores más críticos. Muchas ciudades tienen normas específicas para alquileres a corto plazo, como licencias, restricciones de zonificación, límites de ocupación o incluso prohibiciones. No cumplir puede resultar en multas, problemas legales o la imposibilidad de operar. Antes de comprar, es esencial investigar las regulaciones locales, incluyendo permisos y restricciones. Algunos mercados solo permiten Airbnb en ciertas zonas o bajo condiciones específicas. Los prestamistas están cada vez más atentos a este riesgo y pueden exigir cumplimiento legal o incluso evitar prestar en zonas con alta incertidumbre regulatoria. Elegir mercados con regulaciones estables reduce el riesgo y mejora la viabilidad a largo plazo.

El riesgo económico también influye. Cambios en la economía pueden afectar la demanda de viajes y, por lo tanto, los ingresos. En recesiones, los viajes discrecionales pueden disminuir. Sin embargo, algunos mercados se mantienen estables debido a turismo constante o viajes de negocios. Diversificar el portafolio ayuda a mitigar este riesgo.

El riesgo de tasas de interés también es importante. Muchos préstamos Airbnb tienen tasas más altas o variables. Cambios en las tasas pueden afectar los pagos mensuales y la rentabilidad. Entender los términos del préstamo es clave para la estabilidad.

El seguro y la responsabilidad también son factores importantes. Las propiedades Airbnb pueden requerir seguros especializados. El seguro estándar puede no ser suficiente. Contar con cobertura adecuada protege contra daños, reclamaciones o eventos inesperados.

Las reservas son fundamentales. Tener efectivo disponible permite manejar períodos de baja ocupación, gastos inesperados o cambios del mercado. Los prestamistas exigen reservas mínimas, pero inversionistas experimentados suelen mantener más. Esto puede marcar la diferencia entre sostener una inversión o verse obligado a vender.

La sostenibilidad no solo se trata de sobrevivir riesgos, sino de construir un sistema adaptable. Esto implica monitorear el mercado, ajustar precios, mejorar la propiedad y optimizar operaciones. Los inversionistas que tratan Airbnb como un negocio activo tienen mayor éxito a largo plazo.

La escalabilidad también es clave. A medida que adquiere más propiedades, el manejo del riesgo se vuelve más importante. Cada propiedad agrega complejidad. Tener procesos, tecnología y un equipo sólido permite gestionar el crecimiento.

También es importante tener una estrategia de salida. Ya sea refinanciar, vender o convertir a alquiler a largo plazo, tener opciones brinda flexibilidad. El mercado cambia, y adaptarse protege la inversión.

En última instancia, el éxito en Airbnb requiere equilibrio entre oportunidad y gestión del riesgo. El potencial de ingresos debe estar respaldado por planificación, cumplimiento y disciplina financiera. Al entender y gestionar los riesgos, puede construir un modelo sostenible.

La conclusión es que el riesgo no se evita, se gestiona. Con el conocimiento y la estrategia adecuada, puede construir un portafolio rentable y resistente.

Considere a una inversionista llamada Sophia que compra una propiedad por $500,000. Da 25% de inicial ($125,000) y obtiene un préstamo de $375,000 con pago mensual total de $3,400.

Con una tarifa de S260 y ocupación del 72%, genera ingresos de $5,616 y un ingreso neto de $4,212, con un DSCR de 1.24, cumpliendo los requisitos.

Sin embargo, Sophia evalúa escenarios de riesgo.

Si la ocupación baja a 60%, los ingresos bajan a $4,680 y el ingreso neto a $3,510, con un DSCR de 1.03, dejando poco margen.

Si la tarifa baja a $230, el ingreso neto es $3,726 con DSCR de 1.10, por debajo del ideal.

Si ambos bajan, el ingreso neto cae a $3,105 y el DSCR a 0.91, lo que significa que la propiedad no cubre la deuda.

Para mitigar riesgos, Sophia crea reservas de seis meses ($20,400), mejora la propiedad para mantenerse competitiva y diversifica con alquileres de mediano plazo.

También monitorea regulaciones para evitar problemas legales.

Este ejemplo demuestra la importancia de analizar riesgos y prepararse. Sophia convierte una buena inversión en una sostenible.

Al aplicar estos principios, recuerde que el objetivo no es solo calificar, sino construir un negocio a largo plazo. Al gestionar el riesgo, protege su inversión y se posiciona para crecer en el mercado de Airbnb.

Capítulo 7

Cómo Construir un Portafolio Escalable de Airbnb Usando Estrategias Inteligentes de Financiamiento

Una vez que comprende cómo calificar para préstamos hipotecarios de Airbnb y estructurar una operación rentable, el siguiente paso es escalar. Aquí es donde realmente se construye la riqueza—no al poseer una sola propiedad, sino al controlar múltiples activos generadores de ingresos que funcionan juntos como un sistema. En este capítulo, aprenderá cómo pasar de una sola inversión en Airbnb a un portafolio escalable utilizando estrategias inteligentes de financiamiento, apalancamiento y ejecución disciplinada.

El crecimiento comienza con un cambio de mentalidad. Su primera operación no es el objetivo final—es la base. Muchos inversionistas se detienen después de adquirir una propiedad porque se enfocan únicamente en el flujo de efectivo inmediato o temen asumir más riesgo. Sin embargo, los inversionistas exitosos ven cada propiedad como un escalón. El objetivo es crear un proceso repetible que le permita adquirir, estabilizar y aprovechar propiedades con el tiempo.

Una de las herramientas más poderosas para escalar es el apalancamiento. En bienes raíces, el apalancamiento le permite controlar activos grandes con relativamente poco capital. Al utilizar financiamiento de manera estratégica, puede adquirir múltiples propiedades sin tener que pagar en efectivo por cada una. Los préstamos para Airbnb, especialmente los DSCR, están diseñados para respaldar este enfoque, ya que evalúan cada propiedad de forma independiente según sus ingresos.

La clave para escalar es asegurarse de que cada propiedad cumpla o supere los requisitos del prestamista. Esto significa mantener ratios DSCR sólidos, gestionar los gastos de manera eficiente y optimizar los ingresos. Cuando cada propiedad funciona bien, se vuelve más fácil calificar para préstamos adicionales. Esto crea un efecto compuesto, donde cada operación exitosa permite la siguiente.

Otra estrategia importante es reciclar capital. En lugar de dejar su capital atrapado en una propiedad, puede refinanciar o utilizar estrategias de retiro de efectivo para acceder a ese capital y reinvertirlo en nuevas propiedades. Este enfoque le permite crecer sin tener que aportar constantemente nuevo dinero. Entender cuándo y cómo refinanciar es clave para el crecimiento a largo plazo.

La estrategia BRRRR—Comprar, Renovar, Alquilar, Refinanciar y Repetir—se usa comúnmente en alquileres a largo plazo, pero también puede adaptarse a Airbnb. En este modelo, compra por debajo del valor de mercado, mejora la propiedad para aumentar su potencial de ingresos, estabiliza su desempeño y luego refinancia con base en el nuevo valor y los ingresos. Los fondos obtenidos se utilizan para la siguiente adquisición.

La diversificación del portafolio es otro elemento clave. Depender de una sola propiedad o mercado aumenta el riesgo. Invertir en diferentes ubicaciones, tipos de propiedad y rangos de precio reduce la exposición a riesgos específicos. Por ejemplo, una propiedad en la playa puede rendir mejor en verano, mientras que una propiedad urbana puede tener demanda constante durante todo el año. La diversificación aporta equilibrio y estabilidad.

A medida que su portafolio crece, la eficiencia se vuelve crucial. Administrar múltiples propiedades requiere sistemas y procesos para manejar la complejidad. Esto incluye gestión de reservas, optimización de precios, coordinación de limpieza y mantenimiento. Muchos inversionistas utilizan tecnología y automatización, mientras que otros contratan administradores profesionales.

La estrategia de financiamiento también evoluciona. Su primera propiedad puede requerir una estructura conservadora, pero las siguientes pueden estructurarse de forma más estratégica. Puede combinar tipos de préstamos, usar colateral cruzado o aprovechar activos existentes para obtener mejores términos. Construir relaciones con prestamistas especializados también ayuda a obtener condiciones más favorables.

Otro factor crítico es la disciplina financiera. Puede ser tentador crecer rápido, pero el sobreapalancamiento aumenta el riesgo. Cada propiedad debe evaluarse cuidadosamente para asegurar que contribuya positivamente. Mantener flujo de efectivo, reservas y DSCR saludables es esencial.

La gestión del crédito también es clave. Un perfil sólido le permite acceder a mejores condiciones y más opciones. A medida que escala, debe monitorear su crédito, manejar la deuda responsablemente y evitar riesgos innecesarios.

La estrategia fiscal también es importante. Tener múltiples propiedades puede generar oportunidades de optimización fiscal, incluyendo deducciones, depreciación y estructuras empresariales. Trabajar con un experto puede mejorar sus rendimientos.

El timing del mercado y la selección de oportunidades también importan. No todas las operaciones son adecuadas para escalar. Los inversionistas exitosos son pacientes y selectivos, enfocándose en propiedades alineadas con su estrategia.

Otro concepto clave es el efecto bola de nieve. A medida que su portafolio crece, aumentan sus ingresos, su capital y su acceso a financiamiento. Esto crea impulso que acelera el crecimiento. Cada propiedad contribuye a un sistema más eficiente y rentable.

Sin embargo, escalar también presenta desafíos. Gestionar múltiples propiedades, regulaciones y rendimiento requiere disciplina y adaptabilidad. Los inversionistas exitosos tratan su portafolio como un negocio y optimizan constantemente.

La visión a largo plazo es esencial. Escalar no es solo adquirir propiedades, sino construir un sistema sostenible que apoye sus objetivos financieros, ya sea independencia financiera, ingresos pasivos o riqueza generacional.

Una estrategia avanzada es combinar tipos de financiamiento. Por ejemplo, usar préstamos DSCR para adquisiciones, Non-QM para refinanciar y préstamos tradicionales para propiedades de menor riesgo. Este enfoque optimiza cada operación.

A medida que escala, su enfoque cambia de operaciones individuales al rendimiento del portafolio. Esto implica analizar métricas como flujo de efectivo total, DSCR promedio, ocupación y retorno de inversión.

En última instancia, construir un portafolio escalable se trata de crear un sistema que funcione. Combinar financiamiento inteligente, inversión disciplinada y gestión efectiva permite un crecimiento constante.

Considere un inversionista llamado Ryan que escala de una a cinco propiedades.

Comienza con una propiedad de $400,000, con 25% de inicial ($100,000) y préstamo de $300,000. El gasto mensual es $2,800 y genera $4,200 de ingreso neto, con DSCR de 1.50 y flujo de efectivo de $1,400.

Después de un año, la propiedad sube a $440,000. Refinancia al 75% y obtiene $30,000 en efectivo.

Combina ese dinero con $70,000 y compra una segunda propiedad, generando $1,300 mensuales.

Con dos propiedades, su flujo total es $2,700.

Repite el proceso para adquirir una tercera, alcanzando $4,000 mensuales.

Al adquirir la cuarta y quinta propiedad, mejora su estrategia y cada una genera aproximadamente $1,300.

Con cinco propiedades, su flujo mensual es $6,500 ($78,000 anuales).

Su inversión total es de $400,000, pero su portafolio supera los $2 millones gracias al apalancamiento y la apreciación.

Este ejemplo demuestra el poder del apalancamiento y el refinanciamiento. Al reciclar capital y mantener buen desempeño, Ryan construye un portafolio rentable.

También muestra la importancia de la disciplina. Cada operación debe cumplir criterios específicos.

A medida que aplique estos principios, piense en cómo su primera propiedad puede convertirse en la base de un sistema más grande. Con el enfoque correcto, puede transformar una inversión en libertad financiera a largo plazo.

Capítulo 8

Refinanciamiento, Estrategias de Retiro de Efectivo y Reciclaje de Capital para Inversionistas de Airbnb

Una vez que ha adquirido y estabilizado su propiedad Airbnb, la siguiente fase de crecimiento no se trata solo de mantener el activo, sino de desbloquear todo su potencial financiero. Una de las mayores ventajas de la inversión inmobiliaria es la capacidad de acceder al capital acumulado sin vender la propiedad. Aquí es donde entran en juego el refinanciamiento, las estrategias de retiro de efectivo y el reciclaje de capital. Estas herramientas le permiten convertir una inversión exitosa en múltiples activos generadores de ingresos, acelerando su camino hacia la construcción de un portafolio escalable.

El refinanciamiento es el proceso de reemplazar su préstamo actual por uno nuevo, generalmente con diferentes términos. Para inversionistas en Airbnb, puede servir para reducir la tasa de interés, mejorar el flujo de efectivo, extender el plazo del préstamo o, lo más importante, extraer capital de la propiedad. Saber cuándo y cómo refinanciar es una habilidad clave que diferencia a los inversionistas pasivos de los estratégicos.

El tipo más común de refinanciamiento en Airbnb es el cash-out refinance. En este caso, se refinancia la propiedad por un monto mayor al saldo actual del préstamo y se recibe la diferencia en efectivo. Ese dinero puede utilizarse para pagos iniciales, renovaciones, reservas o nuevas adquisiciones. La capacidad de obtener capital sin vender el activo es lo que hace que los bienes raíces sean una herramienta tan poderosa para generar riqueza.

Sin embargo, los prestamistas limitan el acceso al capital. La mayoría de los préstamos DSCR y Non-QM establecen un límite de loan-to-value entre 70% y 75% para refinanciamientos con retiro de efectivo. Esto significa que debe tener suficiente capital acumulado para que valga la pena refinanciar. Este capital puede generarse por apreciación del mercado, mejoras en la propiedad o ambas.

El timing es fundamental. Muchos prestamistas requieren un período de espera de seis a doce meses antes de permitir un refinanciamiento con retiro de efectivo. Durante este tiempo, debe enfocarse en optimizar ingresos, mejorar la experiencia del huésped y demostrar estabilidad en el desempeño.

El rendimiento de ingresos es clave en la aprobación. Al igual que en la compra inicial, los prestamistas evaluarán el DSCR. Si el ingreso de la propiedad ha aumentado, esto puede mejorar su DSCR y permitirle obtener un préstamo mayor. Por eso, la operación eficiente impacta directamente su capacidad de escalar.

Otro concepto importante es el reciclaje de capital. Esta estrategia consiste en extraer capital de una propiedad y reinvertirlo en nuevas adquisiciones. En lugar de ahorrar para cada pago inicial, utiliza el valor generado en su portafolio para crecer. Esto crea un ciclo donde cada propiedad impulsa la siguiente.

Por ejemplo, puede comprar una propiedad, mejorarla, refinanciarla y usar el capital para adquirir otra. Repitiendo este proceso, puede crecer mucho más rápido que utilizando solo ahorros personales. Este es el fundamento de la escalabilidad.

También es importante considerar el impacto en el flujo de efectivo. Aunque el refinanciamiento proporciona capital, también aumenta el saldo del préstamo y el pago mensual. Esto puede reducir el flujo si no se maneja correctamente. La clave es asegurarse de que los ingresos cubran los nuevos términos con un margen de seguridad.

Las tasas de interés también influyen. Refinanciar a una tasa más alta puede reducir el flujo inmediato, pero si el capital obtenido permite adquirir más propiedades rentables, el portafolio total puede beneficiarse. Esto requiere equilibrio entre corto y largo plazo.

Otra estrategia es el refinanciamiento de tasa y plazo, cuyo objetivo es mejorar los términos del préstamo sin extraer capital. Esto puede ser útil si las tasas bajan o si desea estabilidad con una tasa fija.

Los préstamos puente también pueden utilizarse. Permiten adquirir propiedades rápidamente, mejorarlas y luego refinanciarlas con préstamos a largo plazo. Aunque implican mayor riesgo, pueden ser efectivos si se usan correctamente.

A medida que su portafolio crece, puede considerar refinanciamientos a nivel de portafolio, en lugar de propiedad por propiedad. Esto puede simplificar la gestión y mejorar condiciones.

Los aspectos fiscales también son importantes. El dinero obtenido de un refinanciamiento generalmente no se considera ingreso gravable, ya que es un préstamo. Esto permite acceder a capital sin generar impuestos inmediatos. Sin embargo, es importante consultar con un especialista.

La gestión del riesgo es esencial. El sobreapalancamiento puede generar vulnerabilidad, especialmente en mercados negativos. Mantener DSCR sólidos, reservas y proyecciones conservadoras ayuda a mitigar este riesgo.

La selección de propiedades también influye. Propiedades en mercados fuertes y con alto potencial de apreciación son más adecuadas para generar capital. Además, propiedades con buen desempeño tienen más probabilidad de calificar para refinanciamientos mayores.

Su estrategia a largo plazo debe guiar sus decisiones. ¿Busca crecimiento rápido o estabilidad? ¿Ingresos o apreciación? Estas respuestas determinan cuándo refinanciar y cómo usar el capital.

En última instancia, el refinanciamiento y el reciclaje de capital buscan maximizar la eficiencia del dinero. En lugar de dejar capital inactivo, lo pone a trabajar para generar más ingresos.

La conclusión es que el refinanciamiento no es solo una transacción financiera, sino una herramienta estratégica. Usado correctamente, permite desbloquear valor, acelerar el crecimiento y construir riqueza.

Considere un inversionista llamado Daniel.

Compra una propiedad por $400,000 con 25% de inicial

($100,000) y préstamo de $300,000. El pago mensual es $2,800 y genera $4,200 de ingreso neto, con DSCR de 1.50 y flujo de $1,400.

Después de un año, mejora la propiedad y el valor sube a $460,000.

Refinancia al 75% LTV, obteniendo un nuevo préstamo de $345,000. Después de pagar el préstamo original, recibe $50,000 en efectivo.

Su nuevo pago mensual sube a $3,000, pero el ingreso neto aumenta a $4,500, manteniendo DSCR de 1.50.

Usa los $50,000 para comprar una segunda propiedad de $200,000, generando $1,000 mensual adicional.

Ahora tiene dos propiedades con flujo total de $2,400.

Después de otro año, refinancia la segunda propiedad y obtiene $30,000, que combina con ahorros para comprar una tercera.

Con tres propiedades, su flujo sube a $3,800.

Continúa este proceso, asegurando que cada propiedad cumpla con los requisitos.

Después de cinco años, posee cinco propiedades con valor total de $2.2 millones y flujo mensual superior a $7,000.

Este ejemplo demuestra cómo el refinanciamiento puede transformar una inversión en un portafolio completo. También muestra que el crecimiento no depende de grandes cantidades de dinero inicial, sino del uso eficiente del capital.

Al aplicar esta estrategia, piense en cada propiedad como un escalón. Con el enfoque correcto, el refinanciamiento se convierte en el motor que impulsa todo su portafolio.

Capítulo 9

Financiamiento de Propiedades Airbnb Multifamiliares (2–4 Unidades y Pequeños Multifamiliares)

Dúplex, tríplex, cuádruplex y pequeños edificios multifamiliares ofrecen una oportunidad única para generar múltiples fuentes de ingresos a partir de un solo activo. En el contexto del financiamiento de Airbnb, estas propiedades introducen tanto ventajas como complejidades que requieren una comprensión más profunda de la suscripción, el modelado de ingresos y la estructuración de operaciones.

Las propiedades Airbnb multifamiliares se diferencian de las inversiones unifamiliares en un aspecto clave: permiten diversificar los ingresos dentro de una sola propiedad. En lugar de depender de una sola unidad para generar ingresos, tienes múltiples unidades contribuyendo al ingreso total. Esto puede mejorar significativamente la estabilidad y reducir el riesgo. Si una unidad tiene menor ocupación, las demás pueden compensar la pérdida. Desde la perspectiva del prestamista, esta diversificación puede fortalecer el perfil del préstamo, siempre que los números estén bien estructurados.

Sin embargo, el financiamiento de propiedades multifamiliares para Airbnb no es tan sencillo como el de viviendas unifamiliares. Los prestamistas deben considerar cómo se utilizará cada unidad, si la propiedad cumple con las regulaciones de zonificación y cómo se calcularán los ingresos. Algunos prestamistas pueden tratar una propiedad de 2 a 4 unidades como residencial, mientras que otros pueden evaluarla más como un activo comercial, especialmente si todas las unidades se utilizan para alquileres a corto plazo.

Una de las primeras diferencias a entender es cómo se calculan los ingresos en múltiples unidades. En lugar de analizar una sola fuente de ingresos, los prestamistas evalúan el ingreso combinado de todas las unidades. Esto incluye la tarifa diaria promedio y la ocupación de cada unidad, así como el rendimiento general de la propiedad. En algunos casos, los prestamistas aplican supuestos conservadores para manejar la variabilidad entre unidades.

Por ejemplo, un dúplex con dos unidades Airbnb puede generar ingresos simultáneamente de ambas. Si cada unidad tiene una tarifa promedio de $180 y una ocupación del 70%, el ingreso combinado puede ser significativamente mayor que el de una propiedad unifamiliar. Sin embargo, los gastos también aumentan, ya que cada unidad requiere limpieza, servicios, mantenimiento y gestión. Entender cómo equilibrar estos factores es esencial para lograr un DSCR sólido.

Otro aspecto importante es la zonificación y el cumplimiento regulatorio. Las propiedades multifamiliares suelen estar sujetas a regulaciones más estrictas que las unifamiliares. Algunas ciudades permiten alquileres a corto plazo en casas, pero los restringen en edificios multifamiliares. Otras requieren licencias específicas o limitan el número de unidades que pueden usarse para Airbnb. Antes de comprar, es fundamental verificar que el uso previsto esté permitido.

Los prestamistas son cada vez más conscientes de estos factores y pueden requerir documentación que confirme el cumplimiento. En algunos casos, pueden limitar el financiamiento en áreas con regulaciones restrictivas o inciertas. Elegir mercados favorables para Airbnb reduce el riesgo y facilita la aprobación.

Las opciones de financiamiento para estas propiedades incluyen principalmente préstamos DSCR y Non-QM. Los préstamos tradicionales también pueden estar disponibles para propiedades de 2 a 4 unidades, especialmente si una unidad es ocupada por el propietario. Sin embargo, estos préstamos suelen basarse en ingresos de alquiler a largo plazo, lo que puede subestimar el verdadero potencial de ingresos de Airbnb.

Los préstamos DSCR suelen ser la opción preferida, ya que se enfocan en los ingresos de la propiedad. Los prestamistas evalúan el ingreso neto combinado de todas las unidades y lo comparan con los gastos totales. Si el DSCR cumple con el mínimo requerido, el préstamo puede aprobarse. Una ventaja clave es que las propiedades multifamiliares pueden generar mayores ratios DSCR, ya que múltiples unidades contribuyen al ingreso total. Esto facilita la aprobación y proporciona un mayor margen de seguridad.

Sin embargo, estas propiedades requieren más capital. Los precios de compra son más altos y los pagos iniciales pueden ser mayores. Además, los costos operativos aumentan con más unidades. Los inversionistas deben estar preparados para manejar estos costos y mantener reservas adecuadas.

La gestión de la propiedad también es más compleja. Coordinar reservas, limpieza, mantenimiento y comunicación con huéspedes en múltiples unidades requiere organización. Muchos inversionistas optan por gestión profesional, lo que mejora la consistencia pero aumenta los costos.

También existen estrategias híbridas. Un inversionista puede operar algunas unidades como Airbnb y otras como alquiler a largo plazo. Esto permite equilibrar ingresos estables con mayores retornos de corto plazo. Dependiendo del programa de préstamo, los prestamistas pueden considerar ambos tipos de ingreso.

Otra estrategia es el "house hacking", donde el inversionista vive en una unidad y alquila las demás como Airbnb. Esto puede permitir acceso a financiamiento tradicional con menor pago inicial, mientras se generan ingresos. Sin embargo, debe cumplir con regulaciones y requisitos del prestamista.

Escalar con propiedades multifamiliares es muy eficiente. En lugar de comprar varias casas, un inversionista puede adquirir una propiedad con múltiples fuentes de ingreso. Esto reduce costos de transacción, simplifica el financiamiento y centraliza la gestión. También acelera el crecimiento del portafolio.

La gestión del riesgo sigue siendo esencial. Aunque la diversificación de ingresos reduce el riesgo, no lo elimina. Cambios en el mercado, regulaciones o problemas operativos pueden afectar el rendimiento. Mantener DSCR sólidos, reservas y sistemas de gestión es clave.

Otro concepto importante es la valorización. Las propiedades multifamiliares pueden valorarse en función de sus ingresos, especialmente si se consideran activos comerciales. Esto crea oportunidades para aumentar valor mediante la optimización del ingreso.

En última instancia, el financiamiento de propiedades multifamiliares Airbnb requiere planificación estratégica, conocimiento del mercado y disciplina financiera. Las recompensas pueden ser significativas, pero también lo son las complejidades. Comprender cómo los prestamistas evalúan estas propiedades le permite estructurar mejores operaciones y escalar su portafolio.

Considere un inversionista llamado Kevin que analiza un dúplex de $600,000.

Planea dar 25% de inicial ($150,000), con un préstamo de $450,000. El pago mensual total es de $4,200.

Cada unidad tiene una tarifa promedio de $190 y ocupación del 70%, generando $3,990 por unidad. El ingreso total es de $7,980.

Los gastos se estiman en 30% ($2,394), dejando un ingreso neto de $5,586.

El DSCR es 1.33, superando el requisito del prestamista.

El flujo de efectivo mensual es $1,386 ($16,632 al año).

Kevin mejora la propiedad agregando amenidades y optimizando el listado. Aumenta la tarifa a $210 y la ocupación a 75%.

Cada unidad genera $4,725, con ingreso total de $9,450. El ingreso neto sube a $6,615.

El DSCR aumenta a 1.58 y el flujo mensual a $2,415.

Este ejemplo demuestra el poder de las propiedades multifamiliares. Al combinar múltiples fuentes de ingreso, Kevin logra un DSCR fuerte, alto flujo de efectivo y mayor escalabilidad.

También muestra cómo pequeñas mejoras pueden tener un gran impacto al aplicarse en múltiples unidades.

Al considerar este tipo de inversión, piense en cómo estos principios se aplican a su estrategia. Con el enfoque correcto, las propiedades multifamiliares pueden convertirse en una base sólida para su portafolio, ofreciendo estabilidad y crecimiento.

Capítulo 10

Estructuración Avanzada de Préstamos Hipotecarios para Airbnb Usando DSCR, Préstamos Basados en Activos y Financiamiento Creativo

A medida que llega a esta etapa en su camino como inversionista en Airbnb, ya no piensa como principiante, sino como estratega. Entiende cómo calificar para préstamos, analizar ingresos y estructurar operaciones para su aprobación. Ahora, el siguiente nivel es dominar la estructuración avanzada de financiamiento. Aquí es donde los inversionistas de alto nivel se diferencian del promedio. No dependen de un solo método de financiamiento—combinan múltiples estrategias para cerrar operaciones que otros no pueden, escalar más rápido y optimizar tanto el flujo de efectivo como el crecimiento del capital a largo plazo.

La estructuración avanzada de préstamos para Airbnb se basa en la flexibilidad. Cada operación es diferente, y la capacidad de adaptar el financiamiento a cada situación es una gran ventaja. En lugar de preguntarse “¿qué préstamo puedo obtener?”, comienza a preguntarse “¿cómo puedo estructurar esta operación usando múltiples herramientas financieras para que funcione?". Este cambio abre oportunidades que la mayoría no ve.

La base de esta estrategia comienza con los préstamos DSCR. Como ya sabe, estos permiten calificar basándose en los ingresos de la propiedad. Pero a un nivel avanzado, no se utilizan de forma aislada, sino combinados estratégicamente. Por ejemplo, puede usar un DSCR para adquirir una propiedad, luego refinanciar con otro DSCR después de aumentar los ingresos, o combinarlo con otras fuentes para reducir el capital necesario.

Una estrategia poderosa es combinar préstamos DSCR con financiamiento basado en activos. Los préstamos basados en activos permiten calificar utilizando activos líquidos como cuentas bancarias, inversiones o fondos de retiro. En lugar de depender de ingresos, los prestamistas evalúan su capacidad de pago según sus activos. Esto es útil para inversionistas con alto patrimonio o liquidez, pero bajos ingresos reportados.

Al combinar DSCR y activos, puede crear una estructura híbrida donde la propiedad califica por ingresos y los activos respaldan la operación. Esto puede permitir mayores montos, mejores términos o cerrar operaciones que no cumplirían solo con DSCR.

Otra técnica avanzada es el colateral cruzado. Esto implica usar el capital de una propiedad para financiar otra. En lugar de usar efectivo para el pago inicial, utiliza el valor de activos existentes. Esto preserva liquidez, pero también aumenta el riesgo, ya que conecta múltiples propiedades.

El financiamiento creativo es otra herramienta clave. Incluye financiamiento del vendedor, acuerdos "subject-to" y asociaciones. El financiamiento del vendedor permite negociar directamente con el propietario, reduciendo la necesidad de bancos. Las operaciones "subject-to" implican asumir una hipoteca existente. Estas estrategias son útiles cuando el financiamiento tradicional no es ideal.

Las asociaciones también son fundamentales. Al asociarse, puede combinar capital, crédito y experiencia. Por ejemplo, un socio aporta el capital y otro gestiona la propiedad. Esto permite acceder a operaciones más grandes.

Otra estrategia es combinar múltiples fuentes dentro de una misma operación. Por ejemplo, usar un préstamo DSCR para el 75% del precio, una línea de crédito (HELOC) para parte del inicial y capital propio para el resto. Esto reduce el dinero invertido directamente, pero aumenta el apalancamiento.

Los préstamos de solo interés también son una herramienta avanzada. Permiten pagar solo intereses por un período, reduciendo pagos mensuales y aumentando flujo de efectivo. Sin embargo, no reducen el principal, por lo que deben usarse estratégicamente.

Los préstamos puente son útiles para propiedades que necesitan mejoras. Permiten adquirir, renovar y luego refinanciar con un préstamo a largo plazo. Aunque implican mayor riesgo, pueden ser muy efectivos.

Otro concepto clave es optimizar términos del préstamo, no solo lograr aprobación. Esto incluye negociar tasas, penalidades por pago anticipado y duración. Por ejemplo, aceptar una tasa ligeramente más alta sin penalidad puede dar mayor flexibilidad para refinanciar.

Los inversionistas avanzados también optimizan a nivel de portafolio. No analizan propiedades individualmente, sino cómo cada préstamo afecta el conjunto. Esto incluye mantener buen flujo de efectivo, DSCR sólidos y balance de riesgo.

La gestión del riesgo es aún más importante. A mayor apalancamiento, mayor exposición. Mantener reservas, diversificar y evitar sobreendeudamiento es clave. La estructuración avanzada no busca asumir más riesgo, sino usarlo inteligentemente.

El timing también es esencial. Saber cuándo refinanciar, mantener o vender depende del mercado, tasas y desempeño. Los inversionistas avanzados monitorean constantemente estos factores.

La eficiencia fiscal también influye. Usar estructuras empresariales, depreciación y refinanciamiento puede mejorar los rendimientos después de impuestos. Trabajar con expertos es clave.

En última instancia, la estructuración avanzada se trata de control. Permite controlar más activos con menos capital, adaptarse a cambios y construir un sistema de crecimiento.

La conclusión es que siempre hay múltiples formas de estructurar una operación. Al combinar estrategias, puede desbloquear oportunidades y construir un portafolio en crecimiento.

Considere un inversionista llamado Michael.

Identifica una propiedad de $800,000.

En lugar de usar $200,000 de inicial, estructura la operación con múltiples fuentes.

Obtiene un préstamo DSCR por $600,000. El pago mensual total es de $5,200.

Usa un HELOC de otra propiedad para $100,000 y aporta $100,000 propios.

La propiedad genera ingresos de $6,912 y un ingreso neto de $5,184, con un DSCR inferior a 1.0, por lo que inicialmente no califica.

Michael mejora la propiedad invirtiendo $50,000 en amenidades y mejoras.

Esto aumenta la tarifa a $380 y la ocupación a 75%, generando ingresos de $8,550 y un ingreso neto de $6,412.

El DSCR sube a 1.23, permitiendo la aprobación.

El flujo mensual es de $1,212 ($14,544 anuales).

Después de un año, el valor sube a $920,000.

Refinancia al 75% y obtiene $690,000, extrayendo $90,000 en capital para otra inversión.

Este ejemplo muestra cómo la estructuración avanzada puede transformar una operación difícil en una exitosa. También demuestra la importancia de la estrategia en cada paso.

Al aplicar estas técnicas, podrá estructurar operaciones que no solo funcionen, sino que impulsen su crecimiento y libertad financiera a largo plazo.

Capítulo 11

Construyendo Sistemas, Automatización y Operaciones para un Negocio Airbnb Escalable

Cuando su portafolio de Airbnb crece, el desafío deja de ser adquirir propiedades y pasa a ser gestionarlas de manera eficiente. Muchos inversionistas subestiman esta transición. Tener una propiedad puede ser manejable, pero varias rápidamente se vuelven complejas sin sistemas adecuados. Aquí es donde las operaciones, la automatización y los sistemas escalables se convierten en la base del éxito a largo plazo.

En las primeras etapas, es posible manejar manualmente reservas, comunicación con huéspedes, limpieza y precios. Pero a medida que el portafolio crece, este enfoque deja de ser sostenible. La clave para escalar no es trabajar más, sino construir sistemas que permitan operar con eficiencia y sin fricción.

El primer paso es la estandarización. Cada propiedad debe seguir un sistema consistente: desde la creación del anuncio hasta la comunicación con huéspedes y los procesos de limpieza. Esto reduce errores, mejora la eficiencia y crea una experiencia uniforme. Además, facilita delegar o entrenar equipo.

La optimización de anuncios es fundamental. Cada propiedad debe tener fotos profesionales, descripciones atractivas y una propuesta clara. Esto mejora la ocupación y permite cobrar tarifas más altas. Tener un proceso repetible garantiza rendimiento desde el inicio.

La estrategia de precios es otro punto clave. Airbnb es dinámico: demanda, eventos y competencia afectan los precios. Ajustar manualmente es ineficiente. Herramientas de precios dinámicos automatizan esto y maximizan ingresos.

La comunicación con huéspedes es esencial. Respuestas rápidas mejoran reseñas y ocupación. La automatización permite usar mensajes predefinidos para reservas, check-in y seguimiento, ahorrando tiempo y manteniendo consistencia.

La limpieza y el mantenimiento impactan directamente la experiencia del huésped. Coordinar múltiples propiedades requiere sistemas. Muchos inversionistas usan software o empresas especializadas. Estándares claros aseguran calidad.

El mantenimiento también es clave. Tener proveedores confiables y procesos definidos evita problemas y protege la inversión.

La gestión de múltiples plataformas también es importante. Listar en Airbnb, VRBO y otras aumenta visibilidad, pero puede causar errores si se maneja manualmente. El software de channel management sincroniza todo y evita conflictos.

El control financiero es esencial. Debe monitorear ingresos, gastos, ocupación y flujo de efectivo por propiedad. Esto permite tomar decisiones basadas en datos.

La automatización financiera ayuda aún más. Herramientas conectadas a plataformas registran ingresos, clasifican gastos y generan reportes automáticamente.

El equipo es otro pilar. Aunque la automatización ayuda, se necesita personal para limpieza, mantenimiento y soporte. Construir un equipo confiable permite escalar.

Una decisión clave es autogestionar o contratar gestión profesional. Autogestionar ofrece mayor margen, pero requiere tiempo. La gestión profesional facilita escalar, pero reduce ganancias.

La tecnología es fundamental. Cerraduras inteligentes, check-in automático, monitoreo de ruido y control de energía mejoran la eficiencia y la experiencia.

La experiencia del huésped debe ser fluida. Desde la reserva hasta el check-out, todo debe ser claro y profesional. Esto genera mejores reseñas y más reservas.

A medida que crece, debe optimizar continuamente. Revisar procesos y mejorar eficiencia es clave para mantener el rendimiento.

También debe crear resiliencia. Sistemas que respondan a cancelaciones, problemas o cambios de demanda aseguran estabilidad.

La gestión del tiempo es crítica. Debe enfocarse en adquirir propiedades y estrategia, no en tareas operativas. La automatización libera tiempo para crecer.

El branding también es importante. Un estilo consistente y experiencia diferenciada puede atraer huéspedes recurrentes.

En última instancia, los sistemas permiten que el negocio funcione sin supervisión constante. Sin ellos, el crecimiento se vuelve caótico.

La clave es que el éxito no depende solo de adquirir propiedades, sino de construir un sistema que las soporte.

Considere una inversionista llamada Lisa.

Tiene tres propiedades, cada una genera $5,500 mensuales, con gastos del 30% ($1,650) y un ingreso neto de $3,850.

Después de pagar $2,800 en gastos fijos, su flujo es $1,050 por propiedad.

Con tres propiedades, gana $3,150 al mes, pero trabaja 25 horas por semana.

Lisa implementa automatización.

Usa precios dinámicos, aumentando ingresos a $5,900.

Reduce gastos al 27% ($1,593).

El ingreso neto sube a $4,307.

Con el mismo pago, su flujo sube a $1,507 por propiedad.

Ahora gana $4,521 al mes.

Además, reduce su tiempo a 10 horas semanales.

Con más tiempo y dinero, compra tres propiedades adicionales.

Con seis propiedades, cada una generando $1,507, gana $9,042 mensuales ($108,000 al año).

Su tiempo aumenta a solo 18 horas por semana gracias a los sistemas.

Este ejemplo demuestra que la automatización no solo mejora ingresos, sino que permite escalar.

El crecimiento no se trata solo de adquirir más propiedades, sino de mejorar eficiencia.

Al aplicar estos principios, puede construir un negocio Airbnb rentable, escalable y sostenible.

Capítulo 12

Estrategias de Salida, Optimización del Portafolio y Creación de Riqueza a Largo Plazo con Inversiones en Airbnb

A medida que llega a esta etapa en su camino como inversionista en Airbnb, ya ha aprendido cómo adquirir propiedades, calificar para financiamiento, optimizar ingresos y escalar su portafolio. Sin embargo, uno de los aspectos más importantes de la inversión inmobiliaria a menudo se pasa por alto: la estrategia de salida. Saber cómo y cuándo salir—o reposicionar—sus inversiones es tan importante como saber cómo adquirirlas. En este capítulo final, aprenderá cómo optimizar su portafolio, planificar salidas estratégicas y construir riqueza a largo plazo a través de inversiones en Airbnb.

Una estrategia de salida no se trata simplemente de vender una propiedad. Se trata de tener un plan claro para cómo cada activo encaja dentro de sus objetivos financieros. Esto incluye decisiones sobre mantener, refinanciar, convertir o vender propiedades según las condiciones del mercado, el desempeño y sus metas personales. Una estrategia bien definida le brinda flexibilidad y le permite adaptarse a cambios en el mercado.

Una de las estrategias más comunes es mantener a largo plazo. En este enfoque, conserva la propiedad y continúa generando ingresos con el tiempo. Esta estrategia se beneficia tanto del flujo de efectivo como de la apreciación. A medida que los valores aumentan y las deudas disminuyen, su capital crece, creando riqueza a largo plazo. Para muchos inversionistas, esta es la base de la independencia financiera.

Sin embargo, mantener indefinidamente no siempre es lo óptimo. Las condiciones del mercado cambian, las regulaciones evolucionan y el desempeño puede variar. En algunos casos, vender puede ofrecer un mejor retorno. Saber cuándo vender y cómo maximizar el valor es una habilidad clave.

Otra estrategia común es refinanciar y mantener. En lugar de vender, refinancia para acceder al capital acumulado mientras conserva la propiedad. Esto le permite seguir generando ingresos y usar el capital para nuevas inversiones. Esta estrategia se alinea con el reciclaje de capital y es clave para escalar.

La optimización del portafolio implica evaluar continuamente el desempeño de cada propiedad. Esto incluye analizar flujo de efectivo, DSCR, ocupación y retorno. Las propiedades que no rinden deben mejorarse, reposicionarse o reemplazarse. Es un proceso continuo.

Otra estrategia importante es la conversión. Puede convertir una propiedad de Airbnb a alquiler a largo plazo o viceversa según el mercado. Esto brinda flexibilidad ante cambios regulatorios o de demanda.

El intercambio 1031 es una herramienta poderosa para diferir impuestos. Permite vender una propiedad y reinvertir en otra sin pagar impuestos inmediatamente. Esto ayuda a escalar y preservar capital.

El timing es clave. Vender en mercados fuertes maximiza ganancias, mientras que mantener en mercados bajos puede permitir apreciación futura. Entender ciclos del mercado es esencial.

La gestión de deuda también es crítica. Refinanciar, pagar o reestructurar deuda puede mejorar flujo de efectivo y reducir riesgo. Equilibrar apalancamiento con estabilidad es fundamental.

El flujo de efectivo sigue siendo central. Propiedades con flujo consistente ofrecen estabilidad y flexibilidad. Permiten reinvertir y cubrir gastos.

La apreciación también es clave. Mientras el flujo genera ingresos, la apreciación aumenta el patrimonio. Propiedades en mercados fuertes tienden a generar más valor.

La diversificación reduce riesgo. Invertir en diferentes mercados y tipos de propiedad protege el portafolio.

La estrategia fiscal es importante. Beneficios como depreciación y deducciones pueden mejorar retornos. Trabajar con expertos es clave.

La planificación patrimonial también importa. Los bienes raíces pueden crear riqueza generacional si se estructuran correctamente.

A medida que el portafolio madura, el enfoque puede cambiar hacia la preservación. Reducir riesgo, estabilizar ingresos y proteger activos se vuelve prioridad.

El análisis a nivel portafolio también es importante. En lugar de evaluar propiedades individualmente, se analiza el rendimiento total: flujo, DSCR, capital y retorno.

La liquidez es otro factor. Los bienes raíces no son líquidos, por lo que es importante tener reservas o acceso a crédito.

En última instancia, el objetivo no es solo adquirir propiedades, sino construir un sistema que genere riqueza a largo plazo.

La conclusión es que el éxito no depende de cuántas propiedades tenga, sino de cómo trabajan juntas para generar ingresos y valor.

Considere un inversionista llamado David.

Tiene cuatro propiedades, cada una valorada en $500,000 con deuda de $350,000.

Cada propiedad genera $4,500 de ingreso neto y $3,200 de gastos, dejando $1,300 de flujo mensual.

En total, genera $5,200 al mes ($62,400 al año).

Con la apreciación, cada propiedad sube a $600,000, generando $250,000 de capital por propiedad ($1,000,000 total).

David evalúa tres opciones.

Si mantiene, sigue generando ingresos y apreciación.

Si refinancia al 75%, obtiene $100,000 por propiedad ($400,000 total). Sus pagos suben a $3,800, reduciendo el flujo a $700 por propiedad.

Su flujo total baja a $2,800 al mes, pero obtiene capital para invertir.

Si usa ese dinero para comprar dos propiedades adicionales con $1,200 de flujo cada una, ahora tiene seis propiedades.

Su flujo total vuelve a $5,200 mensuales.

También considera vender una propiedad. Al vender en $600,000, obtiene aproximadamente $230,000 netos.

Usa ese dinero para comprar una propiedad multifamiliar que genera $2,500 al mes, reemplazando los $1,300 anteriores.

Este ejemplo muestra cómo diferentes estrategias impactan el portafolio.

Mantener genera estabilidad, refinanciar permite crecer y vender permite optimizar.

No existe una única mejor opción. Todo depende de sus objetivos y del mercado.

Al aplicar estos principios, alinee cada decisión con sus metas a largo plazo. Así podrá construir un portafolio que no solo crezca, sino que respalde su visión financiera.

Capítulo 13

Creando un Sistema Repetible para Encontrar Oportunidades y Financiar Inversiones en Airbnb

En esta etapa de su camino como inversionista en Airbnb, ya comprende cómo funciona el financiamiento, cómo estructurar operaciones, cómo escalar y cómo gestionar un portafolio. La evolución final es convertir todo ese conocimiento en un sistema repetible: una máquina que constantemente encuentra, analiza, financia y cierra operaciones rentables. Aquí es donde la inversión deja de ser algo ocasional y se convierte en resultados predecibles.

La mayoría de los inversionistas no fracasan por falta de conocimiento, sino por falta de sistemas. Dependen de oportunidades aleatorias, análisis inconsistentes y decisiones reactivas. Un sistema repetible elimina la incertidumbre. Le permite identificar buenas oportunidades rápidamente, evaluarlas con precisión y avanzar con confianza. Este sistema se convierte en su ventaja competitiva.

La base comienza con la generación de oportunidades. Necesita un flujo constante de propiedades potenciales. Esto incluye MLS, oportunidades fuera de mercado, redes de mayoristas, marketing directo y herramientas basadas en datos. El objetivo no es encontrar una sola propiedad, sino crear un flujo constante. Con más opciones, puede ser selectivo y elegir solo las mejores.

La selección de mercado es clave. No todos los mercados funcionan para Airbnb. Su sistema debe incluir criterios como demanda turística, ocupación, tarifas promedio, regulaciones y competencia. Al enfocarse en mercados adecuados, aumenta la probabilidad de éxito.

Una vez identificadas las propiedades, el siguiente paso es el análisis. Este debe ser consistente y estructurado. Cada operación debe evaluarse con el mismo modelo: precio, ingresos, gastos, DSCR, flujo de efectivo y retorno. Esto le permite comparar oportunidades rápidamente.

La velocidad es una ventaja. Un sistema claro le permite analizar y decidir rápidamente sin dudar. No se trata de apresurarse, sino de estar preparado. Cuando confía en su proceso, puede actuar con seguridad.

El financiamiento es otra parte clave. En lugar de buscar prestamistas después de encontrar una propiedad, debe tener opciones listas. Esto incluye relaciones con prestamistas

DSCR, Non-QM y otras fuentes. Estar precalificado le permite moverse rápido.

Su sistema también debe incluir estrategias de estructuración. Saber ajustar variables como pago inicial, tipo de préstamo o ingresos proyectados es esencial. Si una operación no califica, debe tener alternativas para hacerla funcionar.

La debida diligencia es fundamental. Antes de cerrar, debe verificar todos los supuestos: datos del mercado, estado de la propiedad, regulaciones y proyecciones de ingresos. Esto reduce riesgos.

La negociación también es clave. Reducir el precio o mejorar términos impacta directamente la rentabilidad.

Una vez bajo contrato, su sistema debe guiar el cierre: coordinación con prestamistas, tasadores, inspecciones y título. Un proceso claro evita problemas.

Después del cierre, entra la fase de estabilización. Esto incluye preparar la propiedad, lanzar el anuncio y optimizar operaciones para lograr rendimiento rápidamente.

El seguimiento del rendimiento es esencial. Debe monitorear ocupación, tarifas y flujo de efectivo. Esto permite mejorar continuamente.

La automatización juega un papel importante. Herramientas para precios, comunicación y gestión reducen trabajo manual y permiten escalar.

Construir un equipo también es clave. Agentes, prestamistas, contratistas y personal operativo le permiten enfocarse en estrategia.

La consistencia es lo más importante. Un sistema solo funciona si se aplica siempre. La disciplina genera resultados predecibles.

También debe mejorar constantemente. Analizar resultados, identificar errores y ajustar el sistema lo hace más eficiente.

Escalar implica aumentar volumen sin perder calidad. Puede expandirse a nuevos mercados o aumentar marketing.

La gestión del riesgo también forma parte del sistema. Mantener reservas, diversificar y usar proyecciones conservadoras protege su portafolio.

Su sistema debe alinearse con sus objetivos: flujo, crecimiento o apreciación. Cada operación debe contribuir a su meta.

En última instancia, un sistema repetible transforma su enfoque. Convierte la inversión en un negocio estructurado, eficiente y escalable.

Considere un inversionista llamado Chris.

Define sus criterios:
Precio: $300,000 a $500,000
DSCR mínimo: 1.25
Flujo mínimo: $1,000
Ocupación: 65%–75%
ADR: $200–$300

Chris analiza 50 propiedades al mes. De estas, 10 cumplen criterios básicos. Analiza esas 10 en detalle y encuentra 3 buenas. De esas 3, cierra 1 por mes durante dos meses, logrando 2 propiedades al año.

Analicemos una.

Compra por $400,000 con 25% de inicial ($100,000). Su pago mensual es $2,800.

Proyecciones:
ADR: $240
Ocupación: 70%
Ingresos: $5,040
Gastos (25%): $1,260
Ingreso neto: $3,780

DSCR: 1.35
Flujo: $980

Optimiza la propiedad:
ADR: $260
Ocupación: 72%

Nuevo ingreso: $5,616
Ingreso neto: $4,212
Flujo: $1,412
DSCR: 1.50

Repite el proceso con la segunda propiedad.

Después de un año, tiene dos propiedades generando $2,800 mensuales.

Después de tres años, tiene seis propiedades generando más de $8,000 al mes.

Como su sistema es consistente, sus resultados son predecibles.

Este ejemplo demuestra que el éxito no depende de suerte, sino de proceso y disciplina.

Al crear su propio sistema, enfóquese en hacerlo repetible. Con el enfoque correcto, puede convertir Airbnb en un negocio escalable y predecible.

Capítulo 14

Gestión Avanzada del Riesgo, Ciclos del Mercado y Protección de tu Portafolio de Airbnb

Cuando su portafolio de Airbnb crece y sus estrategias de financiamiento se vuelven más sofisticadas, la importancia de la gestión del riesgo aumenta significativamente. En este nivel, el éxito ya no se define únicamente por adquirir propiedades o aumentar el flujo de efectivo, sino por su capacidad para proteger lo que ha construido. Los inversionistas avanzados entienden que los mercados se mueven en ciclos, que los riesgos evolucionan con el tiempo y que la sostenibilidad depende de la preparación, la disciplina y la adaptabilidad.

El primer principio de la gestión avanzada del riesgo es entender que el riesgo es dinámico. Una operación que hoy parece sólida puede enfrentar desafíos en el futuro debido a cambios en el mercado, regulaciones o competencia. Por eso, los inversionistas exitosos no dependen de suposiciones estáticas. Monitorean constantemente el desempeño, ajustan estrategias y se preparan para diferentes escenarios.

Los ciclos del mercado juegan un papel central. El mercado inmobiliario generalmente pasa por expansión, pico, contracción y recuperación. En expansión, la demanda crece y los valores suben. En el pico, los precios pueden inflarse. En la contracción, la demanda baja y los valores caen. La recuperación marca el inicio de un nuevo ciclo. Entender en qué fase se encuentra le permite tomar mejores decisiones.

Mantener ratios DSCR sólidos es una herramienta clave. Aunque los prestamistas requieren alrededor de 1.20, inversionistas avanzados buscan 1.30 o 1.40 para mayor seguridad. Este margen protege contra fluctuaciones de ingresos.

El apalancamiento también es crítico. Aunque permite escalar, el exceso aumenta el riesgo. Tener mucha deuda y poco capital puede ser peligroso en caídas del mercado. Equilibrar deuda y capital es esencial.

Las reservas de efectivo son una de las mejores protecciones. Tener entre seis y doce meses de gastos permite manejar periodos de baja ocupación o gastos inesperados.

La diversificación reduce el riesgo. Invertir en diferentes mercados y tipos de propiedades protege contra problemas locales.

El riesgo regulatorio es importante. Cambios en leyes pueden afectar Airbnb. Elegir mercados estables y tener flexibilidad para convertir propiedades a alquiler a largo plazo ayuda a mitigar este riesgo.

El riesgo operativo también importa. Mala gestión puede reducir ingresos. Sistemas y automatización aseguran consistencia.

El seguro es esencial. Propiedades Airbnb requieren cobertura adecuada para proteger contra daños y responsabilidad.

El riesgo económico afecta la demanda. En recesiones, los viajes pueden disminuir. Entender estos cambios ayuda a prepararse.

El riesgo de tasas de interés también es clave. Aumentos en tasas pueden reducir flujo de efectivo y afectar refinanciamientos.

El "stress testing" es una técnica avanzada. Consiste en analizar cómo su portafolio se comporta bajo diferentes escenarios, como baja ocupación o caída de precios.

La liquidez es importante. Los bienes raíces no son líquidos, por lo que tener reservas o acceso a crédito es fundamental.

El análisis a nivel portafolio permite ver el panorama completo: flujo total, DSCR promedio y nivel de deuda.

Las estrategias de salida también ayudan a manejar riesgo. Tener opciones como vender, refinanciar o convertir propiedades ofrece flexibilidad.

Otra estrategia es reducir riesgo con el tiempo. Pagar deuda, vender propiedades débiles o reinvertir en activos más seguros protege el portafolio.

La disciplina mental es clave. Evitar decisiones emocionales durante cambios del mercado es fundamental.

En última instancia, la gestión avanzada del riesgo se trata de equilibrio: crecimiento y estabilidad, oportunidad y precaución.

Considere un inversionista llamado Mark.

Tiene cinco propiedades, cada una valorada en $450,000.

Cada propiedad tiene:
Deuda: $315,000
Gasto mensual: $3,000
Ingreso neto: $4,200
Flujo: $1,200

En total, genera $6,000 mensuales ($72,000 al año) con DSCR de 1.40.

Mark realiza pruebas de estrés.

Si la ocupación baja al 60%, el ingreso neto baja a $3,600.

DSCR: 1.20
Flujo total: $3,000

Si el ADR baja 10%, el ingreso neto es $3,780.

DSCR: 1.26
Flujo total: $3,900

Si ambos bajan, el ingreso neto cae a $3,200.

DSCR: 1.07
Flujo total: $1,000

Para protegerse, Mark mantiene $90,000 en reservas (6 meses).

También diversifica en otro mercado y mejora sus propiedades para mantenerse competitivo.

Además, evalúa refinanciar para mejorar condiciones.

Este ejemplo muestra cómo la gestión proactiva protege el portafolio.

No se trata de evitar riesgos, sino de prepararse para ellos.

Al aplicar estos principios, podrá construir un portafolio resiliente y sostenible a largo plazo.

Capítulo 15

De Inversionista a Operador-Propietario — Construyendo un Negocio de Airbnb y un Legado a Largo Plazo

A lo largo de este recorrido, ha pasado de comprender los fundamentos del financiamiento para Airbnb a dominar estrategias avanzadas de estructuración, escalamiento, automatización y gestión del riesgo. Lo que comenzó como una simple oportunidad de inversión ahora se ha convertido en un sistema completo—una plataforma capaz de generar ingresos, construir capital y ofrecer libertad financiera. El objetivo de estas reflexiones finales no es solo resumir lo aprendido, sino ayudarle a integrar todo en una visión clara y poderosa hacia el futuro.

El principio más importante que debe llevarse es que el éxito en Airbnb no depende de una sola propiedad, una sola estrategia o un solo momento en el mercado. Depende de la consistencia. Los inversionistas que construyen riqueza a largo plazo no son necesariamente los más inteligentes o los más agresivos, sino los más disciplinados. Siguen un proceso.

Evalúan cada operación con criterios claros. Aprenden de cada resultado. Y repiten lo que funciona. Esta consistencia es lo que transforma acciones individuales en resultados compuestos a lo largo del tiempo.

También es fundamental entender que el financiamiento no es una barrera—es una herramienta. A lo largo de este libro, ha visto cómo los préstamos DSCR, los productos Non-QM, el refinanciamiento y las estrategias de reciclaje de capital pueden utilizarse para abrir puertas. El financiamiento correcto le permite controlar activos, escalar su portafolio y optimizar su capital. Pero como toda herramienta poderosa, debe usarse con responsabilidad. El objetivo no es maximizar el apalancamiento, sino maximizar la eficiencia. Es decir, lograr el mayor rendimiento posible con el menor riesgo necesario.

Otro concepto clave es que cada propiedad debe verse como parte de un sistema más grande. No está construyendo una colección de activos, está construyendo un negocio. Esto significa que cada decisión—desde la compra hasta la operación, el financiamiento y la salida—debe alinearse con su estrategia global. Cuando todas las piezas trabajan juntas, su portafolio se convierte en una máquina que genera resultados de forma predecible.

A medida que avanza, su enfoque también debe evolucionar. Al principio, el objetivo puede ser simplemente adquirir su primera propiedad. Luego, escalar a dos, tres o cinco propiedades. Pero eventualmente, el enfoque cambia hacia la optimización, la eficiencia y la sostenibilidad. Empieza a pensar en métricas a nivel portafolio, en cómo reducir riesgos y en cómo estructurar su negocio para que funcione sin su intervención constante. Este cambio de mentalidad es lo que separa a los inversionistas ocasionales de los verdaderos operadores.

El riesgo, como ha visto, es inevitable. No puede eliminarlo, pero puede gestionarlo. Mantener reservas, diversificar, utilizar proyecciones conservadoras y entender los ciclos del mercado le permite operar con confianza incluso en entornos inciertos. Los inversionistas exitosos no reaccionan al mercado—se preparan para él. Tienen planes para escenarios positivos y negativos, y toman decisiones basadas en datos, no en emociones.

La tecnología y la automatización también juegan un papel fundamental en su crecimiento. No solo le permiten ahorrar tiempo, sino que mejoran la consistencia y la calidad de su operación. Sistemas de precios dinámicos, comunicación automatizada, gestión de reservas y análisis financiero le permiten escalar sin perder control. En un negocio basado en la experiencia del cliente, la consistencia es clave, y la tecnología es el puente que lo hace posible.

Otro elemento esencial es el equipo. A medida que crece, se vuelve imposible hacerlo todo solo. Aprender a delegar no es una debilidad, es una habilidad estratégica. Un buen equipo le permite enfocarse en lo que realmente impulsa el crecimiento: encontrar oportunidades, estructurar operaciones y tomar decisiones estratégicas. Su tiempo es uno de sus activos más valiosos, y protegerlo es fundamental para escalar.

También debe recordar que el crecimiento no siempre es lineal. Habrá momentos de expansión rápida y momentos de consolidación. Habrá operaciones que superen expectativas y otras que no funcionen como se planeó. Lo importante no es evitar errores, sino aprender de ellos rápidamente y ajustar su sistema. Cada experiencia—buena o mala—es una oportunidad para mejorar.

La creación de riqueza a largo plazo no se trata solo de flujo de efectivo. También incluye la apreciación, el crecimiento del capital y las ventajas fiscales. Con el tiempo, su portafolio puede convertirse en un activo significativo que le brinde opciones: refinanciar, vender, expandir o incluso reducir su exposición. Tener estas opciones es una forma de libertad financiera.

La libertad, de hecho, es uno de los mayores beneficios de este modelo. No solo libertad financiera, sino libertad de tiempo, ubicación y elección. Al construir sistemas y delegar operaciones, puede diseñar un estilo de vida que se alinee con sus prioridades. Ya sea pasar más tiempo con su familia, viajar o enfocarse en otros proyectos, su negocio puede trabajar para usted.

A medida que piense en el futuro, también considere el legado. Los bienes raíces tienen la capacidad única de crear riqueza generacional. Las propiedades que adquiere hoy pueden beneficiar a su familia durante décadas. Estructurar su portafolio de manera que pueda transferirse eficientemente es una decisión estratégica que va más allá de la inversión.

Otro punto importante es que siempre hay otra oportunidad. No necesita perseguir cada operación. Tener un sistema sólido le permite ser selectivo y paciente. Las mejores decisiones a menudo son las que no toma—las operaciones que evita porque no cumplen sus criterios. La disciplina en la selección es tan importante como la ejecución.

A medida que integre todo lo aprendido, piense en su negocio como un sistema vivo. Debe evolucionar con el tiempo. Los mercados cambian, las regulaciones cambian y sus objetivos personales también pueden cambiar. La flexibilidad es clave. Un sistema rígido puede romperse; uno adaptable puede prosperar.

Finalmente, recuerde que el éxito no ocurre de la noche a la mañana. Es el resultado de decisiones consistentes tomadas a lo largo del tiempo. Cada propiedad, cada mejora, cada refinanciamiento y cada optimización contribuyen a un resultado mayor. Con el enfoque correcto, lo que comienza como una inversión puede convertirse en un negocio, y ese negocio en una fuente de riqueza duradera.

Si aplica estos principios con disciplina y visión, no solo podrá construir un portafolio rentable, sino también un sistema que respalde sus objetivos a largo plazo. La oportunidad está disponible. Las herramientas están en sus manos. El siguiente paso depende de usted.

Reflexiones Finales

Dominio, Impulso y el Camino a Seguir

A medida que llegas al final de este recorrido a través de *The Airbnb Mortgage Loan Mastery Series*, es importante hacer una pausa y reconocer lo que has construido—no solo en conocimiento, sino en perspectiva. Lo que comenzó como una introducción al financiamiento de Airbnb ha evolucionado hacia un marco completo para adquirir, estructurar, escalar y, en última instancia, transformar inversiones inmobiliarias en un negocio a largo plazo. Ya no piensas como principiante. Piensas como estratega, como operador y como arquitecto de tu futuro financiero.

A lo largo de esta serie, un principio ha permanecido constante: el éxito en Airbnb no es accidental. Es el resultado de comprender sistemas, aplicar estrategias y ejecutar con disciplina. Cada capítulo ha reforzado esta idea—desde entender cómo funcionan los préstamos DSCR hasta estructurar operaciones, desde escalar portafolios hasta gestionar el riesgo, y desde optimizar operaciones hasta construir un negocio. Cada concepto se conecta con el siguiente, formando un ecosistema completo que impulsa el crecimiento.

En el centro de este ecosistema se encuentra el apalancamiento—no solo financiero, sino estratégico. Has aprendido a utilizar el financiamiento para controlar activos, los datos para tomar decisiones y los sistemas para escalar de manera eficiente. Estas formas de apalancamiento te permiten lograr más con menos, acelerar tu progreso y crear oportunidades que de otro modo no existirían. Esta es la base de la inversión inmobiliaria moderna.

Pero el apalancamiento sin disciplina puede generar inestabilidad. Por eso la gestión del riesgo ha sido un tema constante. Comprender los ciclos del mercado, mantener ratios DSCR sólidos, construir reservas y diversificar no son opcionales—son esenciales. Son lo que te permite sostener el crecimiento, navegar la incertidumbre y proteger lo que has construido.

Otro tema clave es la adaptabilidad. El mercado de Airbnb es dinámico. Las regulaciones cambian, la competencia evoluciona y las condiciones económicas se transforman. Los inversionistas exitosos no dependen de una sola estrategia. Se mantienen flexibles, aprenden continuamente y ajustan su enfoque. Esta capacidad de adaptación convierte los desafíos en oportunidades.

Al reflexionar sobre todo lo aprendido, queda claro que Airbnb no se trata solo de propiedades—se trata de sistemas. Se trata de crear un proceso repetible para encontrar oportunidades, estructurar financiamiento, optimizar el rendimiento y escalar el portafolio. Cuando estos sistemas están en su lugar, tu negocio se vuelve predecible. Se convierte en algo que puedes escalar con confianza.

La transición de inversionista a dueño de negocio es uno de los cambios más importantes. Dejas de enfocarte en operaciones individuales y comienzas a pensar en el rendimiento del sistema completo. Dejas de ejecutar tareas y comienzas a diseñar procesos. Dejas de trabajar dentro del negocio y comienzas a trabajar sobre el negocio.

Este cambio abre nuevas posibilidades. Con un sistema escalable, puedes expandirte a nuevos mercados, explorar diferentes tipos de propiedades y crear nuevas fuentes de ingresos. Puedes construir una marca, formar alianzas y generar oportunidades más allá del sector inmobiliario. Tu negocio se convierte en una plataforma de crecimiento.

Uno de los aspectos más poderosos de este camino es la creación de riqueza a largo plazo. Los bienes raíces combinan flujo de efectivo, apreciación y beneficios fiscales. Cuando se integran con financiamiento estratégico y ejecución disciplinada, generan un efecto compuesto. Cada propiedad suma, cada decisión construye impulso y, con el tiempo, ese impulso se vuelve transformador.

Sin embargo, esto no es una carrera. Construir un negocio exitoso toma tiempo, paciencia y consistencia. Habrá desafíos—operaciones que no funcionen, mercados que cambien, obstáculos inesperados. Pero estos no son fracasos; son parte del proceso. Son lecciones que fortalecen tu estrategia y mejoran tu toma de decisiones.

La consistencia es la clave del éxito. No se trata de una decisión perfecta, sino de muchas decisiones correctas repetidas en el tiempo. Seguir tu sistema, mantener disciplina y enfocarte en tus objetivos crea estabilidad y resultados duraderos.

La claridad también es esencial. Saber qué quieres—ingresos pasivos, libertad financiera o riqueza generacional—guía cada decisión. Te ayuda a elegir oportunidades, asumir riesgos adecuados y estructurar tu portafolio de forma estratégica.

A medida que avances, sigue aprendiendo. El mercado evoluciona constantemente, y mantenerse actualizado te mantiene competitivo. Explorar nuevas estrategias, herramientas y oportunidades asegura que tu sistema siga creciendo.

Las relaciones también son clave. Prestamistas, agentes, contratistas e inversionistas forman parte de tu ecosistema. Una red sólida abre puertas, aporta valor y acelera tu crecimiento.

También es importante reconocer tu progreso. Cada propiedad, cada operación y cada mejora es un paso adelante. Celebrar estos logros refuerza tu motivación y mantiene el impulso.

Ahora, el siguiente paso depende de ti. Puede ser tu primera propiedad, tu siguiente adquisición o la optimización de tu portafolio. Lo importante es actuar. El conocimiento solo tiene valor cuando se aplica.

En última instancia, este camino va más allá del dinero. Se trata de crear libertad—de tiempo, de ingresos y de decisiones. Se trata de construir un sistema que trabaje para ti. Se trata de diseñar una vida alineada con tus objetivos.

Hoy tienes las herramientas. Sabes cómo financiar, estructurar, escalar y proteger tus inversiones. Tienes un marco claro para tomar decisiones y crecer de manera sostenible.

El camino hacia adelante es tuyo. Ya sea que avances rápido o paso a paso, los principios son los mismos: disciplina, adaptación y enfoque. Con el tiempo, podrás construir no solo un portafolio, sino un negocio que genere valor duradero.

Esto no es el final de tu camino. Es el comienzo de lo que viene.

Cómo Obtener una Evaluación Personalizada de Préstamo Hipotecario para Airbnb

Si encontró útil *Fundamentos de Préstamos Hipotecarios para Airbnb: Cómo Funcionan los Préstamos para Alquileres a Corto Plazo y Cómo Calificar*, parte de *The Airbnb Mortgage Loan Mastery Series*, es posible que desee ver cómo estas estrategias se aplican a su propia situación financiera y objetivos de inversión. Cada inversionista es diferente. El tipo de propiedad, la ubicación, los ingresos proyectados de Airbnb, el puntaje de crédito, el capital disponible y las guías de los prestamistas influyen en los programas de préstamo para los que puede calificar y en cómo se puede estructurar su operación.

Los ejemplos de este libro están diseñados para enseñarle cómo funcionan los préstamos hipotecarios para Airbnb, pero sus opciones reales solo pueden determinarse revisando sus números específicos y su escenario de inversión.

Puede solicitar una consulta sin compromiso sobre préstamos para Airbnb aquí:
Correo electrónico: info@FinibiMortgage.com

Un profesional hipotecario con licencia revisará su caso y le explicará qué opciones de financiamiento para Airbnb pueden estar disponibles, incluyendo préstamos DSCR, programas Non-QM y estrategias alternativas de calificación basadas en su propiedad y perfil financiero.

Sin costo. Sin presión. Sin compromiso.

Atentamente,

Joseph G. Correa

Originador de Préstamos Hipotecarios con Licencia
Finibi Mortgage Inc.

Sobre el Autor

Joseph G. Correa es un corredor hipotecario con licencia y fundador de Finibi Mortgage, una firma con sede en Florida especializada en financiamiento para inversiones inmobiliarias, préstamos para Airbnb y alquileres a corto plazo, y estrategias de financiamiento alternativo para inversionistas, emprendedores y trabajadores autónomos. Con más de dos décadas de experiencia en préstamos hipotecarios, suscripción y estructuración financiera, Joseph ha ayudado a miles de clientes a obtener financiamiento utilizando estrategias inteligentes y flexibles diseñadas para la inversión inmobiliaria moderna.

A diferencia de los oficiales de préstamos tradicionales que se enfocan únicamente en cerrar transacciones, el enfoque de Joseph está basado en la construcción de riqueza a largo plazo. Cree que el financiamiento hipotecario—especialmente para Airbnb y propiedades de inversión—debe utilizarse como una herramienta estratégica para generar flujo de efectivo, escalar portafolios y lograr independencia financiera. Su filosofía se centra en el uso inteligente del apalancamiento, permitiendo a los inversionistas crecer sin depender exclusivamente de ingresos personales o limitaciones tradicionales.

Joseph es reconocido por su experiencia en préstamos DSCR, financiamiento Non-QM, préstamos para alquileres a corto plazo, programas de estados de cuenta bancarios y estructuración creativa de operaciones. Se especializa en ayudar a inversionistas a calificar basándose en los ingresos de la propiedad en lugar de ingresos personales, haciendo posible que principiantes, trabajadores autónomos e inversionistas experimentados adquieran y escalen portafolios de Airbnb. Su capacidad para simplificar conceptos complejos en estrategias claras y accionables ha permitido que muchas personas ingresen al mercado inmobiliario con confianza.

Joseph creó *The Airbnb Mortgage Loan Mastery Series* para brindar a los inversionistas el mismo conocimiento de financiamiento utilizado por bancos, prestamistas privados e inversionistas institucionales. Su misión es simple: ayudar a las personas a entender cómo calificar, estructurar operaciones y escalar utilizando estrategias modernas de financiamiento para construir negocios rentables de Airbnb y riqueza a largo plazo.

Cuando no está estructurando operaciones o escribiendo, Joseph trabaja directamente con inversionistas en todo Estados Unidos diseñando estrategias de financiamiento personalizadas alineadas con sus objetivos, tipo de propiedad y planes de crecimiento.

Hoja de Ruta de *The Airbnb Mortgage Loan Mastery Series*

La Guía Profesional para Financiar, Escalar y Generar Ganancias con Propiedades de Alquiler a Corto Plazo

El propósito de esta serie es brindar a los inversionistas las mismas estrategias de financiamiento utilizadas por bancos y operadores institucionales, traducidas en una guía clara y práctica. Cada libro se construye sobre el anterior, llevándolo desde fundamentos hasta estrategias avanzadas.

Libro 1 — Fundamentos de Préstamos Hipotecarios para Airbnb
Aprenderá cómo funcionan estos préstamos, cómo se diferencian del financiamiento tradicional y cómo los prestamistas evalúan propiedades de alquiler a corto plazo. Introduce DSCR, Non-QM y cómo estructurar su primera operación.

Libro 2 — Préstamos Hipotecarios DSCR para Airbnb
Se enfoca en calificar con ingresos de la propiedad en lugar de ingresos personales y cómo escalar más rápido eliminando limitaciones tradicionales.

Libro 3 — Préstamos para Airbnb para Principiantes

Guía paso a paso para comprar su primera propiedad Airbnb y superar obstáculos iniciales.

Libro 4 — Préstamos para Propiedades de Inversión Airbnb

Estrategias para escalar, financiar múltiples propiedades y optimizar flujo de efectivo.

Libro 5 — Préstamos Airbnb sin Verificación de Ingresos

Opciones avanzadas como DSCR, estados de cuenta y documentación alternativa.

Libro 6 — Préstamos para Airbnb de Lujo

Financiamiento para propiedades de alto valor y estrategias de mercado premium.

Libro 7 — Préstamos para Casas Vacacionales Airbnb

Cómo financiar segundas viviendas y convertirlas en ingresos.

Libro 8 — Refinanciamiento y Retiro de Capital

Cómo desbloquear capital y reinvertir para escalar.

Libro 9 — Propiedades Multifamiliares Airbnb

Cómo financiar múltiples unidades y analizar ingresos combinados.

Libro 10 — Estructuración Avanzada
Cómo combinar DSCR, activos y financiamiento creativo para cerrar operaciones complejas.

Esta serie puede seguirse paso a paso o utilizarse como referencia según su nivel actual. El objetivo es ayudarle a financiar, estructurar y escalar inversiones Airbnb para construir un negocio rentable.

Aviso Educativo y Financiero

Este contenido es solo educativo e informativo. No constituye asesoría legal, fiscal o financiera. Los programas de préstamo, tasas y requisitos varían y pueden cambiar sin previo aviso. Los ejemplos son ilustrativos y no garantizan resultados.

Antes de tomar decisiones financieras, consulte con profesionales calificados que evalúen su situación específica.

Divulgación de Riesgos

La inversión inmobiliaria y los alquileres a corto plazo implican riesgos. Los ingresos pueden variar por demanda, competencia, economía y regulaciones. No hay garantía de resultados.

El uso de financiamiento aumenta el riesgo. El incumplimiento puede resultar en ejecución hipotecaria. Los préstamos DSCR y Non-QM pueden tener tasas más altas o condiciones más estrictas.

Además, cambios regulatorios pueden afectar la operación de propiedades Airbnb. Es responsabilidad del inversionista cumplir con todas las leyes aplicables.

Este contenido presenta estrategias estructuradas y responsables, pero ninguna está libre de riesgo. Cada lector es responsable de sus decisiones y resultados financieros.

www.ingramcontent.com/pod-product-compliance
Lightning Source LLC
LaVergne TN
LVHW022226200926
848481LV00006B/2147
* 9 7 9 8 2 9 5 8 1 3 9 7 9 *